马克思主义简明读本

异化劳动的扬弃

丛书主编：韩喜平
本书著者：陈然然

编委会：韩喜平　邵彦敏　吴宏政
　　　　王为全　罗克全　张中国
　　　　王　颖　石　英　里光年

吉林出版集团股份有限公司

图书在版编目（CIP）数据

异化劳动的扬弃 / 陈然然著. -- 长春：吉林出版集团股份有限公司，2014.4（2019.2重印）
（马克思主义简明读本）

ISBN 978-7-5534-2591-7

Ⅰ.①异… Ⅱ.①陈… Ⅲ.①马克思主义—劳动观点—异化理论—理论研究 Ⅳ.①A811.63

中国版本图书馆CIP数据核字（2013）第174574号

异化劳动的扬弃
YIHUA LAODONG DE YANGQI

丛书主编：	韩喜平		
本书著者：	陈然然		
项目策划：	周海英	耿　宏	
项目负责：	周海英	耿　宏	宫志伟
责任编辑：	陈　曲	杨　鲁	
出　　版：	吉林出版集团股份有限公司		
发　　行：	吉林出版集团社科图书有限公司		
电　　话：	0431-86012746		
印　　刷：	北京一鑫印务有限责任公司		
开　　本：	710mm×960mm　1/16		
字　　数：	100千字		
印　　张：	12		
版　　次：	2014年4月第1版		
印　　次：	2019年2月第3次印刷		
书　　号：	ISBN 978-7-5534-2591-7		
定　　价：	29.70元		

如发现印装质量问题，影响阅读，请与出版方联系调换。0431-86012746

序　言

习近平总书记指出，青年最富有朝气、最富有梦想，青年兴则国家兴，青年强则国家强。青年是民族的未来，"中国梦"是我们的，更是青年一代的，实现中华民族伟大复兴的"中国梦"需要依靠广大青年的不断努力。

要提高青年人的理论素养。理论是科学化、系统化、观念化的复杂知识体系，也是认识问题、分析问题、解决问题的思想方法和工作方法。青年正处于世界观、方法论形成的关键时期，特别是在知识爆炸、文化快餐消费盛行的今天，如果能够静下心来学习一点理论知识，对于提高他们分析问题、辨别是非的能力有着很大的帮助。

要提高青年人的政治理论素养。青年是祖国的未来，是社会主义的建设者和接班人。党的十八大报告指出，回首近代以来中国波澜壮阔的历史，展望中华民族充满希望的未来，我们得出一个坚定的结论——实现中华民族伟大复兴，必须坚定不移地走中国特色社会主义道路。要建立青年人对中国特色社会主义的道路自信、理论自信、制度自信，就必须要对他们进行马克思主义理论教育，特别是中国特色社会主义理论体系教育。

要提高青年人的创新能力。创新是推动民族进步和社会发展的不竭动力，培养青年人的创新能力是全社会的重要职责。但创新从来都是继承与发展的统一，它需要知识的积淀，需要理论素养的提升。马克思主义理论是人类社会最为重大的理论创新，系统地学习马克思主义理论有助于青年人创新能力的提升。

要培养青年人的远大志向。"一个民族只有拥有那些关注天空的人，这个民族才有希望。如果一个民族只是关心眼下脚下的事情，这个民族是没有未来的。"马克思主义是关注人类自由与解放的理论，是胸怀世界、关注人类的理论，青年人志存高远，奋发有为，应该学会用马克思主义理论武装自己，胸怀世界，关注人类。

正是基于以上几点考虑，我们编写了这套《马克思主义简明读本》系列丛书，以便更全面地展示马克思主义理论基础知识。希望青年朋友们通过学习，能够切实收到成效。

韩喜平
2013年8月

目　录

引　言 / 001

第一章　什么是异化 / 004

第一节　异化概念的起源 / 004

第二节　马克思对异化概念的人学改造 / 026

第二章　什么是异化劳动 / 048

第一节　马克思为什么要分析异化劳动 / 048

第二节　异化劳动与自由自觉的劳动 / 071

第三节　异化劳动的表现 / 085

第四节　异化劳动产生的原因 / 112

第三章　什么是异化劳动的扬弃 / 127

第一节　什么是扬弃 / 127

第二节　异化劳动的扬弃在于私有财产的扬弃 / 139

第四章　异化劳动扬弃的共产主义归宿 / 148

第一节　共产主义的文本解读 / 148

第二节　共产主义是私有财产的扬弃 / 164

第三节　共产主义是人的本质的复归 / 171

第四节　共产主义人的存在状态 / 180

参考文献 / 185

引　言

"异化理论是贯穿马克思一生哲学思考的基本理论，这一理论在马克思哲学中拥有基础性的、核心的地位和作用。"[①] 马克思认为，人类异化的本质在于作为主体的人被异己的物质力量和精神力量所控制，失去了自身的能动性。异化劳动是马克思《手稿》中的核心概念，主要是特指资本主义社会的工业大生产劳动，是指人类所生产的劳动产品在一定条件下反过来成为了统治和支配人类的一种外在力量。在资本主义社会，劳动者与资本家的区别就在于资本家在资本积累时利用卑鄙的手段强制性地剥夺劳动者的生产资料，资本家也就从此开始拥有异化的劳动和劳动产品。资本主义生产中的物与物的关系本质上是人与人的关系。资本主义异化劳动的表现就是资产阶级对

[①] 俞吾金：《再论异化理论在马克思哲学中的地位和作用》，《哲学研究》2009年第2期。

工人阶级的剥削。"马克思认为人本质上是具有社会性的，人的一切活动也必然发生在社会关系中。因此，在劳动中，人们创造出物质产品的同时也创造出了与之相适应的社会关系。围绕着异化劳动，人不仅生产出作为异己的敌对力量的劳动对象和劳动的异化，而且生产出人的本质异化，以及人与人之间的异化关系。在资本主义以私有制为基础的生产方式下，人的异化以及无产阶级的贫穷和被压迫的历史渊源就是劳动和资本的分离，这二者分离的客观事实是劳动异化的本质。"[1]

马克思认为，扬弃异化劳动最终目的是为了实现人的自由全面的发展，共产主义是异化劳动扬弃的最终归宿。他们认为，异化扬弃的根本途径是私有财产的彻底扬弃。只有在生产力高达发达的共产主义社会，人类才能彻底克服异化劳动，才能最终实现普遍意义上的有意识的自由自觉的劳动。马克思和恩格斯于不同的时期在《1844年经济学哲学手稿》（以下简称《手稿》）、《德意志意识形态》（以下简称《形态》）和《共产党宣言》（以下简称《宣言》）三本著作中对共产主义

---

[1] 张磊：《试论马克思异化劳动理论及其现实意义》，《复旦大学报》2009年第2期。

的科学原理做出了阐释。本书立足于马恩经典著作的解读,重点分析三个基本问题:什么是异化;什么是异化劳动;什么是异化劳动的扬弃。首先,对异化概念产生的思想史进行梳理,弄清异化概念的内涵,并分析马克思对异化概念的改造。其次,结合《手稿》分析异化劳动的性质,产生的根源,详细分析异化劳动的四个方面表现。通过分析得出结论:异化劳动的根源是私有财产为基础的资本主义制度导致的劳动与资本的分离。最后,分析异化劳动如何才能得到扬弃。通过对共产主义科学原理的分析,通过对扬弃概念的解读,得出异化劳动扬弃的根本途径。

第一章　什么是异化

第一节　异化概念的起源

在西方思想史中异化观念早就存在，有不少哲学家在马克思之前都对其有过研究。马克思在继承并扬弃前人异化思想的基础之上，结合资本主义社会现实，提出了自己的异化理论。本章主要介绍异化概念的历史渊源，异化早期研究者的生平以及几个容易和异化混淆的相似概念。

一、异化概念的历史渊源

早在原始社会后期就已经出现了异化现象，但是把这种现象上升到理论的高度却是近代的事情。词源考察表明，"异化的德语词是英语词的翻译，它源自于拉丁文。在神学和经院哲学中,这个拉丁文词汇主要表示两层含义:一是指人在默默祈祷中使精神脱离肉体,而与上帝合二为一;二是指圣灵在肉体化时,由于顾全人性而使神性丧失以及罪人与上帝疏远。德语词意为转让、让渡、离间、疏远、陌生化。它的意思主要是指疏远上帝、不信神、无知。之后,这个词在人们的使用中渐渐融合其他词汇的意思,不断增加新的内涵。在中世纪的文献记载中只是孕育着异化理论的萌芽。文艺复兴以后,异化理论在近代西方哲学中逐渐形成起来。用拉丁文这个词语,首先说明权利转让的是荷兰法学家格劳修斯。霍布斯和卢梭虽然没有使用这个词语,但是他们用其他的说法表达了与格劳修斯一样的观点。"[1]

霍布斯用"权利的转让"表达了异化的含义。他指出原始社会人类处在人人平等,自由自在的自然状态,但是最终人类却为了争夺生存资源,能够继续活下去而发生战争。因此,人们为了调节利益关系不得不彼此签订契约,将自己的一部分权利转让给其他人。然而,人们最初转让出去的本来属于自己的

---

[1] 高乾胜:《马克思异化思想的历史演变》,《安徽电子信息职业技术学院学报》2006年第1期。

权利最终却反过来成为了统治自己的力量。霍布斯认为，所谓异化，是指人亲手创造出来的利维坦怪兽（国家权力）独立于人，并转过来支配人。

社会契约论是首先对异化实质进行表达的理论形态。在社会契约论当中，异化是指权利的放弃或转让，被明确规定为一种损害个人权利的否定行为。在社会契约论中，卢梭强调个人的权利和自由只能放弃，不能转让，除非转让给代表他们的国家。在《爱弥儿》中，卢梭写道："文明使人腐败；背离自然使人堕落；人变成了自己制造物的奴隶。"这样，卢梭就揭露了人的社会活动及其产品变成异己东西的事实。他在人与自然和人与社会两重关系上深化了异化概念的内涵。在卢梭那里，异化概念引申为"反对"、"否定"等对抗性含义，这正是异化概念的实质内涵。卢梭在异化概念方面的深化使异化的研究上升到德国古典哲学异化理论的高度。

"异化"在德国古典哲学中被提到哲学的高度，从而进一步扩展和加深了其内涵。马丁·路德最先把希腊文圣经中阐释的异化概念翻译为"自身丧失"。从哲学家费希特到黑格尔所使用的外化概念都是从马丁·路德的翻译演化而来的。在德国古典哲学中,首先使用异化概念的是费希特。费希特指出:"自我外化为非我,从而使原来与自我同一的东西变成异己的东西。即'自我'创造'非我','非我'是'自我'的异化。"他从哲学的高度运用外化这个概念表达出异化的内涵了。"黑格尔在继费希特提出人与自然、人与社会的异化关系之后,揭示了人与人的异化关系。在黑格尔的体系里,异化就是绝对精神的外化,也就是理念客观化其自身于自然界中。因此,异化本身就包含了对自身的扬弃。在这里我们发现,黑格尔的本体是理念,虽然他又称之为客观精神,但客观只是用来修饰精神的。他提出,所谓基督教的'实证性',就是指本来是由人所创造出来的基督教反过来变成了一种僵化的、束缚人的、对抗人的力量。在黑格尔的《精神现象学》中,异化就是外化,表现为绝对精神异化为人类社会的手段。黑格尔的异化思想显然包含着辩证法的因素。黑格尔认为异化是说明自然、社会、历史等辩证发展的核心概念,他对于异化的分析完全是站在唯心主义立场上的。然而,黑格尔把对象化、对立面转化与异化笼统地当作一回事,没有给予明确的区分。在黑格尔之后,费尔巴哈力图从唯物主义基本前提出发阐述异化。费尔巴哈对黑格尔哲学的宗教本质及其异化进行了批判。费尔巴哈的对象化的主体是感性的人，而不是黑格尔抽象的绝对精神（上帝或神）。"①

在费尔巴哈那里异化主要指宗教异化和人本质的异化。理性、意志、感情是人的本质，上帝是人的本质的异化，是理性迷误的产物。但是，他只是揭露了宗教的一个本质方面，提出宗教中全知全能的神是人创造的，这个偶像是人按照自己的样子与主观愿望而造的。但是，费尔巴哈对于黑格尔唯心主义异化理论的批判是不彻底的。费尔巴哈的宗教异化是半截子的唯物主义。

可见，异化概念的历史渊源既有费尔巴哈的唯物主义的渊源，也有德国古典哲学中费希特和黑格尔的唯心主义渊源。异化概念可以理解为一种超越现实的理念或存在物与人之间的对立关系。马克思是从批判宗教异化和政治异化开始对资本主义社会中的异化现象进行批判的。他指出："正如宗教是人类的理论目录一样，政治国家是人类实际斗争的

---

① 高乾胜：《马克思异化思想的历史演变》，《安徽电子信息职业技术学院学报》2006年第1期。

异化劳动的扬弃

目录。"在对异化理论的研究当中,马克思始终把异化产生的根源和如何消除异化作为自己研究的重点。马克思对异化的研究没有停留在现象,在批判了前人非科学的异化理论之后,揭示了资本主义社会异化的本质。马克思指出决定异化外部现象的本质异化是异化劳动或劳动异化。在1842—1843年间所写的《论犹太人问题》、《黑格尔法哲学批判》等著作中,马克思还停留在宗教异化和政治异化的领域。他揭露宗教异化实际上是"人的自我异化的非神圣形象之现实本质"。宗教异化本质是现实经济生活中的政治异化。但是,政治异化也是派生的,需要在经济生活中进行揭露。因此,异化的产生根源于经济领域。于是,马克思在《手稿》中明确提出了异化劳动才是资本主义社会中异化现象的真正根源,并从此开始了对异化理论的研究。在《形态》中,马克思运用异化理论,揭示了私有制异化是资本主义社会和资本主义前社会的主要异化形式,也就是说,政治统治的异化以国家的形式表现出来,社会活动对于人的自身否定是被异化的行为。在《经济学手稿(1857—1858年)》和《资本论》等著作中,马克思扬弃了从社会契约论到黑格尔的异化理论，以分析资本主义生产关系为基础来阐明异化的本质。在这些著作中，马克思对异化劳动的内容作了深刻的论述。他指出转让不过是从法律上表示简单的商品关系；外化则表示以货币形式对社会关系加以物化；异化才真正揭示了人们在资本主义制度下最一般的深刻的社会关系，其实质在于表明人所创造的整个世界都变成了异己的、与人对立的东西。

  总而言之，马克思之前的异化理论不全面也不深刻，缺乏科学性。马克思的异化概念紧紧抓住了活动着的历史的人。人作为类存在物直接面对的对象化活动就表现为劳动。因此，异化劳动是资本主义社会最典型的异化。对劳动着的人的把握把马克思的异化理论与德国古典哲学的异化区别开来。马克思认为资本主义的异化产生的原因是资本主义私有制和私有制下劳动和资本的分离。正如人创造了上帝而受上帝支配一样，在阶级社会中，工人创造了大量的物质财富，而这些财富却被资本家占有并使工人受其支配。因此，这种财富的占有导致劳动本身异化成为统治工人的、与工人敌对的、异己的力量。只有消灭了异化产生的根源才能从根本上消除资本主义社会的异化现象。

二、异化早期研究者

胡果·格劳修斯是异化早期研究人员之一。他是荷兰代尔夫特市人。他曾任律师、司法官和外交官,是世界近代国际法学的奠基人,被世人誉为"国际法始祖"。格劳修斯第一次真正意义上阐述了国际法的概念,他首次提出了公海自由的经典理论,这是他不能被世人遗忘的两大人生贡献。他的代表作有《战争与和平的权利》、《捕获法》和《论海上自由》等。其中《战争与和平的权利》是西方资产阶级人权学说的基础自然法或自然权利理论的开创性著作。

托马斯·霍布斯也对异化有过研究。其代表作有《论物体》、《利维坦》、《论人》、《论社会》、《对笛卡尔形而上学的沉思的第三组诘难》等,其中《利维坦》是我们最为熟知的。霍布斯指出社会若要和平就必需要有社会契约。社会是一群人服从于一个人的威权之下,而每个个人将刚刚好的自然权力交付给这威权,让它来维持内部的和平、并抵抗外来的敌人。因此,人们为了调节利益关系不得不彼此签订契约,将自己的一部分权利转让给其他人。然而,人们最初转让出去的本来属于自己的权利最终却反过来成为了统治自己的力量。霍布斯认为，所谓异化，是指人亲手创造出来的利维坦怪兽（国家权力）独立于人，并转过来支配人。霍布斯的异化思想虽然还未走向成熟，但对后世有重要的影响。我们可以透过他对异化的表述体会到其独到的见解。

卢梭，全名让·雅克·卢梭，是我们在日常中比较熟悉的人物，卢梭是瑞士裔的法国思想家、作家、哲学家、政治理论家和作曲家，是18世纪法国大革命的思想先驱，法国启蒙运动最卓越的代表人物之一。他对异化也有过一定得研究。卢梭主张感觉是认识的来源，强调人性本善，信仰高于理性，主张建立资产阶级的"理性王国"。"卢梭把构想的一种自由、平等的美好自然状态作为理想的参照模型，展开了对现存社会中制度异化、科技异化、教育异化等各种异化问题的批判。为了消除异化现象，实现人的自由全面发展，构建未来理想社会，卢梭提出建立在公正的社会契约基础上的民主共和国的理想道路，以及唤醒良知、实行自然教育的人性改造方案。卢梭是异化理论的开拓者，他的异化思想所体现的批判精神和反异化道德理想，引导了后来哲学批判、文化批判和社会批判的方向。

他的异化思想对马克思和法兰克福学派等当代西方哲学的异化理论的丰富和发展，产生了十分重大的理论影响。"[1]《社会契约论》一书是卢梭一生最为著名的著作，他的哲学思想对于后世哲学的发展产生了不可估量的影响。其代表作有《社会契约论》、《论人类不平等的起源》、《爱弥儿》、《忏悔录》等，其中《社会契约论》为资本主义的发展作出了巨大的理论贡献。仔细考察卢梭的人生，就会发现卢梭一生生活复杂，有很多让人难以理解的地方。

马丁·路德我们或许比较陌生。他是16世纪欧洲宗教改革的倡导者，他的墓志铭是"我的话就是上帝的话"。1517年，他在教会界发起了宗教改革运动。他最先把圣经中的"异化"翻译为"自身丧失"。15至16世纪，德意志出现了资本主义萌芽，教皇派人到德意志兜售赎罪券事件，激起了德意志民族反对罗马教廷的风潮，揭开了宗教改革开始的序幕，表达了新兴资产阶级彻底摆脱罗马教廷的控制，加强王权，实现国家统一的政治要求。这场运动的目的是摆脱罗马教廷的桎梏，建立促

---

[1] 王晓红：《卢梭异化思想初探》，《山东师范大学硕士学位论文》2005年，第5页。

进民族复兴的本国教会。马丁·路德宗教改革运动推动了广大民众的反封建斗争，沉重打击了天主教会和封建势力，使德国确立了"教随国定"的原则，有利于德意志民族语言的发展，为欧洲的其他国家和地区的宗教改革奠定了基础。马丁·路德的异化思想以及独特的哲学见解对于后来哲学家的进一步思考开辟了道路。

费希特是一位在哲学上有特殊造诣的人物。1790年，他开始研读康德哲学，这对他后来的哲学思想产生了深远的影响。他基于康德哲学写了一篇研究康德批判哲学和神学领域之间联系的宗教长文《试评一切天启》，康德读后非常欣赏。1807年，他回到法军占领的柏林，发表了著名的《对德意志民族的演讲》，倡议建立柏林大学。1810年，柏林大学建立，费希特担任第一任校长。

乔治·威廉·弗里德里希·黑格尔在德国古典哲学中占有重要分量。他出生于德国符腾堡公国首府斯图加特一个官吏家庭。1829年，黑格尔被任命为柏林大学校长和政府代表。生平代表作：《精神现象学》、《逻辑学》、《哲学科学全书纲要》、《法哲学原理》、《美学讲演录》。黑格尔哲学象征着

19世纪德国唯心主义哲学运动的顶峰。

路德维希·安德列斯·费尔巴哈是德国旧唯物主义哲学家。他明确提出自然是离开人的意识而独立存在的，人可以认识客观世界。他对宗教神学进行了有力的揭露和批判，恢复了唯物主义的权威，但是他的唯物主义抛弃了黑格尔的辩证法，是形而上学的。他在社会历史观领域又陷入了唯心主义，是半截子的唯物主义。1830年费尔巴哈以匿名的方式出版了他的第一部著作《论死与不朽》。1834年，出版了《阿伯拉尔和赫罗伊丝》。1838年，出版了著作《比埃尔·拜勒》。1839年，出版了《论哲学和基督教》，提出"基督教事实上不但早已从理性中消失，而且也从人类生活中消失，基督教的上帝只是一个幻象"，公开反对当时的观念。同年，费尔巴哈出版了著作《黑格尔哲学的批判》，指出"没有感觉，没有人的，在人之外的思维"是十分荒谬的，批判黑格尔的唯心论。1841年，出版著作《基督教的实质》，重申对基督教的看法。1857年，出版了著作《神统》。1866年，出版了《上帝、自由和不朽》，这是费尔巴哈出版的最后一本著作。

三、异化、物化、外化和对象化

总体上讲，异化是指人在一定的条件下，把自己的素质和力量转化为跟自己对立、支配自己的素质和力量，用以表达主体向客体转化的关系。简言之，人的自我异化就是人做一些不合乎其本性的事情，就是自己不愿意做的事情还非要去做不可，否则就不能生存，特别需要强调的是，异化必须是人自己对自己造成的否定，而不是来自外部世界。异化概念的原初意思是陌生、疏远、脱离、转让等，主要是指相同或相似的事物逐渐变得不相同或不相似。语音学上指连发几个相同或相似的音，其中一个变得和其他的音不相同或不相似。生物学上异化作用是指生物体在新陈代谢过程中，自身的组成物质发生分解，同时放出能量。哲学上指主体发展到了一定阶段，分裂出自己的对立面，变为了外在的异己的力量。黑格尔的异化概念被予以哲学的内涵，主要是指主体与客体的分离、对立。马克思认为异化同阶级一起产生，是人的物质生产与精神生产及其产品变成异己的力量，反过来统治人，导致人与人的对立的一种社会现象。其产生的主要根源是资本主义私有制，最终根源是社会分工固定化。人在异化中丧失自由自觉的活动，遭到异己的物质力量或精神力量的奴役，人的个性不能实现全面的发展，只能片面甚至畸形发展。异化在资本主义社会中达到最严重的程度，但是异化只是一种历史现象，必将随着私有制和僵化的社会分工的消灭以及阶级和国家的消亡而最终被克服。

就物化概念来说，它是一个中性的概念，因为任何性质的劳动，包括马克思所肯定的有意识的自由自觉的劳动，都会把人的精力物化在劳动对象中。我们通常批判的物化主要是指被异化的物化。物化是这样一种作用，是指人的属性、关系和行动转化为被人制造出来的物的属性、关系和行动。在这种作用下，物变成了独立的不受人支配的存在并且被人想象为它（被人生产出来的）本身就是独立存在的，同时物的存在反过来开始控制人的生活，或是人不是按照人的方式存在，而是按照物的方式存在。异化和物化是一般和特殊的关系，物化是异化的一种特殊情况。黑格尔并没有明确提出物化的术语和概念，他在《精神现象学》中对"观察的理性"的分析以及他在《法哲学原理》中对"所有权"的分析似乎与物化接近。马克思以及卢卡奇对马克思的解释最早提出了物化概念。在马克思的《手稿》中就已经包含了物化的概念。马克思在《经济学手稿

（1857—1858年）》中论述到："财产同劳动之间，活劳动能力同他的实现条件之间，物化劳动同活劳动之间，价值同创造价值的活劳动之间的这种绝对的分离（从而劳动内容对工人本身的异己性），这种分裂，现在也表现为劳动本身的产品，表现为劳动本身的要素的物化、客体化。"这里的物化是指劳动及劳动产品对工人来说成了一种外在力量，脱离了工人的本质属性。马克思对物化的分析在《政治经济学批判大纲》和《资本论》中达到了顶峰。

在《资本论》第1卷第1章第4节中关于商品拜物教的探讨中包含了物化定义的基本点。例如，"商品形式的奥秘不过在于：商品形式在人们面前把人们本身劳动的社会性质反映成劳动产品本身的物的性质，反映成这些物的天然的社会属性，从而把生产者同总劳动的社会关系反映成存在于生产者之外的物与物之间的社会关系。由于这种转换，劳动产品成了商品，成了可感觉而又超感觉的物或社会的物……相反，商品形式和它借以得到表现的劳动产品的价值关系，是同劳动产品的物理性质以及由此产生的物的关系完全无关的。这只是人们自己的一定的社会关系，但它在人们面前采取了物与物的关系的虚幻形式……劳动产品一旦作为商品来生产，就带上拜物教的性质，因此，拜物教是同商品生产分不开的……在生产者面前，他们的私人劳动的社会关系就表现为现在这个样子，就是说，不是表现为人们在自己劳动中的直接的社会关系，而是表现为人们之间的物的关系和物之间的社会关系。"在《资本论》第3卷第48章中同样也有论述："在资本主义生产方式下和在资本这个资本主义生产方式的占统治的范畴……在资本—利润（或者，更好的形式是资本—利息），土地—地租，劳动—工资中，在这个表示价值和一般财富的各个组成部分同财富的各种源泉的联系的经济三位一体中，资本主义生产方式的神秘化，社会关系的物化，物质生产关系和它的历史社会规定性直接融合在一起的现象已经完成：这是一个着了魔的、颠倒的、倒立着的世界。在这个世界里，资本先生和土地太太，作为社会的人物，同时又直接作为单纯的物，在兴妖作怪。"物化在资本主义完备的情况下达到了顶峰。虽然马克思在《资本论》中对物化概念进行了讨论，但是他的分析过了很长一段时间都没有引起重视，只有卢卡奇注意到这一问题，并以其独创方式探讨它。

格奥尔格·卢卡奇在马克思主义的发展中占有十分重要的位置。他出生于匈牙利,是著名的哲学家和文学批评家,是西方马克思主义主义的开山者,于1923年以著作《历史和阶级意识》开启了西方马克思主义思潮。他精通多种语言,善于用德文写作。1906年,在科罗茨瓦获法学博士学位。1909年,在布达佩斯大学获哲学博士学位。1912—1917年期间,德国的柏林、海德堡等地是他攻读德国古典哲学和现代西方哲学的主要地方。这一时期的哲学学习为他一生的理论探索奠定了基础。在这一时期,他接触了胡塞尔、李凯尔特、文德尔班、狄尔泰等一些著名的哲学家,并且在生命哲学家齐美尔和著名社会学家韦伯的教导下学习。那时候,他与西方马克思主义思潮的另一重要代表人物布洛赫成为同学,并且建立了深厚的友谊。卢卡奇出版的《历史与阶级意识》一书在世界范围内产生了广泛的影响,被誉为西方马克思主义的"圣经"。该书出版后,哲学界掀起了一股物化热,学术界展开了对资本主义物化的持续的反思与批判。《手稿》还未出版的时候,卢卡奇就在写作该书。卢卡奇在充分考察资本主义的物化现象之后,开创性地提出了物化概念。他虽然没有明确提出物化的定义,但是卢卡奇

异化劳动的扬弃

却指出:"物化是指人自己的活动,人自己的劳动,作为某种客观的东西,某种不依赖于人的东西,某种通过异于人的自律性来控制人的东西,同人相对立。"

外化是贯穿黑格尔整个哲学体系的一个重要哲学术语。黑格尔认为物质是由理念外化而来的,外化是内在的东西转化为外在的东西的结果。在黑格尔的哲学体系中,理念是内在的东西,物质世界是外在的东西,理念到物质世界的转化就是"外化"。费尔巴哈在批判宗教哲学的过程中提出了异化或外化的概念。卢卡奇的《历史与阶级意识》中物化概念的提出很可能是受黑格尔哲学的影响。只是黑格尔关注的是哲学范畴领域,而卢卡奇更侧重的是社会发展领域。

对象化是指人把自身的东西通过对象反映出来。比如,桌子体现的是人的目的,比如人类生产出来是为了审美,使用等等。所以桌子就是人的对象化产物。马克思指出:"劳动的产品是固定在某个对象中的、物化的劳动,这就是劳动的对象化。劳动的现实化就是劳动的对象化。"[①] 对象化是人的本质

---

① 马克思:《1844年经济学哲学手稿》,人民出版社2000年版,第50—72页。

力量的物化，对象化劳动是人类社会存在和发展的基础。异化是对象化的一种，对象化包括异化。对象化不仅是人类劳动的积极方面，还有人类劳动的消极方面。异化是人类劳动的消极方面。对象化不一定是异化，但异化一定是对象化的结果。

综上所述，对象化包括异化，异化是对象化的一种。异化包括物化（异化了的物化），物化（异化了的物化）是异化的一种。外化是黑格尔使用的概念，黑格尔时期异化等同于外化。物化、外化、对象化都是中性概念，异化了的物化、外化、对象化才表示贬义。下面形象的比喻可以帮助我们更加清晰地理解异化、物化、外化和对象化的基本内涵。

资本家想要在一块荒地上建设一片豪华住宅楼，找设计师（工人）画了图纸，这就是物化。从全国调来的数万劳工盖起这片气势恢宏的豪华住宅楼，这就是外化。豪华住宅建好后，资本家宣布住宅楼为其所有，这就是对象化。一旦谁跨过楼前的金水桥就得罚款，将劳工与其劳动成果分离，这就是异化。工人构建自己的人生蓝图，这是物化。经过辛勤打拼，实现了自己的理想，这就是外化。工人的打拼变成了资本家和房地产商的利益，这是对象化。于是，工人买不起房，买不起车，这

异化劳动的扬弃

就是异化。

四、案例：影片《摩登时代》

影片《摩登时代》展现了资本主义的企业管理给人们带来的恐惧。在这部影片中，人类的异化被淋漓尽致地展现出来。《摩登时代》表面上呈现出来的是资本主义社会的繁荣华丽，其实本质给人的只是眩惑。在资本主义的企业里，工人之间只是一道道工作环节的合作关系。工人之间没有情感交流，一旦机器停止了运转，工人之间便不再认识。工人在资本家的监控之下毫无尊严和自由可言。资本家操纵工人，根本不把工人当人看待，机器运行速度在不停的加快，工人的休息时间在不断的缩减，午饭时间也被占用，休息成为想也别想的事情。工人与工人的关系都依赖于物，通过物连接起一个关系的网，物消失之时也就是关系破裂之时。卓别林扮演的角色刻画了资本主义社会被压榨的工人的形象。卓别林通过这一喜剧形象地演绎了机械管理对工人生活的异化。没有多余的话语表达，只有卓别林夸张滑稽的动作和随着人们的情绪起伏的背景音乐。卓别林演绎的这个到处拧螺丝帽，麻木、冷漠的工人着实让我们觉得好笑。机械化了的行为惯性竟让他把妇人胸前的纽扣也当成螺丝帽来拧。这样一个滑稽和蹩脚的形象让大家笑出了眼泪。

卓别林在拧螺丝帽时的面无表情透露了他的绝望、无奈和无力反抗。让我们用心感受卓别林塑造的工人形象背后的深意——资本家的虚伪和贪婪、工人意识的不自觉使得资本主义社会的企业管理缺少休养生息，缺少对人的关怀。资本家对利润最大化的追逐导致工人的身体疲倦和精神紧张。根据马克思的异化理论，异化是人类的物质生产和精神生产及其生产出的产品变成异己的力量，反过来又控制人的一种社会现象。经济危机时期大量工人集体失业、家庭破散、妇女儿童挨饿受冻，资本主义异化达到最严重的程度，这是资本主义经济无法避免的。马克思指出，经济危机是资本主义发展的规律，像是个成长中的孩子，每隔一段时间就会生一场病，一病全身都要检查一下，而且病菌还到处传染，弄得所有的孩子也一起生病。

影片《摩登时代》反映了资本主义制度对人性和劳动的扭曲。劳动本是人们生存的需要，人们本应从劳动中体验到生命的快乐，感受到生命的本质。然而，在异化劳动中，劳动却人人唯恐避之而不及，逃离甚至逃离到监狱中才能获得快乐。正如诗人席勒所说："永远被束缚在整体的个别小部件上的人，本身也变成了部件。"他相当深刻地揭示了异化的实质，形象地揭露了劳动异化给人与社会带来的伤害。马克思批判了资本主义私有制下人的劳动状态是异化劳动的人的存在状态。异化劳动导致了人同他的劳动产品的异化、人同劳动本身的异化、人同自己类本质的异化以及人同人的异化。私有制的存在以及这种制度导致的劳动和资本的分离是异化劳动产生的根源。资本主义生产关系的人是商品和机器，人及其劳动本身都成为异己的存在物。马克思指出，有意识的自由自觉的生命活动是人的类本质。人有意识的自由自觉的生命活动应该是人的存在状态。人是类存在物，他自己的生活是他的对象，有意识的自由自觉的生命活动将人与动物区别开来。

人们从事某项工作只有从本质上摆脱谋生性和功利性，他的劳动才能够真正成为一种有意识的自由自觉的活动。如果一个人为了生存的需要被迫去从事某项工作，这个人必然被劳动奴役，因为劳动仅仅是他谋生的手段。人是目的性的动物，如果一个人从事的事业是符合自己的意愿的自愿的工作，这时他在工作时所付出的劳动也才可能成为生命的享受和乐趣。如果一个人在从事某项事业时完全是带有功利性的，在工作的时候，他对他所从事的工作就会产生一种不自觉的抵触心理。这样的情况下，无论是他的思维视野和劳动成果都将受到根本的局限。只有发自内心喜欢自己的工作才会真诚付出，才会得到意外的收获。在我们生活的现代社会中，我们从事的劳动显然还没有完全摆脱和消除功利性和谋生性，但随着生产力的发展和现代人类生存方式及劳动方式的不断改善，人们可以通过审视和批判现有的劳动方式和生存方式，来逐渐克服异化劳动的存在，将劳动与实现自身价值结合起来，实现快乐劳动。

第二节　马克思对异化概念的人学改造

人是世界上奇异的超越性的存在。马克思对异化概念的人学改造经历了一个不断深化的认识过程。"从《手稿》时期带有费尔巴哈痕迹的人的类本质理论和人道主义的不成熟立场，到《关于费尔巴哈的提纲》（以下简称《提纲》）时期批判费尔巴哈，确立人的本质的社会关系原则，再到《形态》时期确立了人的社会历史性原则，实现了从抽象的人到具体的、现实的人的转变，最终走向成熟。"①

一、《手稿》揭示了人的类本质

写作《手稿》的时间是1844年4月至8月，这是马克思科学世界观形成过程中的第一本重要著作。此书在马克思生前没有发表。直到1927年，它的一部分被收入《马克思恩格斯文库》俄文版，但未引起注意。1932年，它在《马克思恩格斯全集》德文版上全文发表之后引起了广泛的讨论。这部手稿论题广泛，几乎涵盖了马克思之后论述的所有领域。在《手稿》中各种理论是以一种统一的形态出现的，它涉及经济学、哲学和共产主义学说三部分内容。虽然在语言风格上，它同以后的著作有很大差异，但是几乎马克思以后所有的思想都可以在这里找到萌芽。

写作《手稿》是同马克思早年的理论发展和实践活动直接相关的。马克思在柏林大学学习期间，德国正处于资产阶级革命运动的前夜，争取自由和民主的革命运动高涨。这一时

---

① 刘怡、薛萍：《马恩早期著作中"人"的思想的演进历程》，《理论研究》2006年第2期。

期，马克思公开申明自己是青年黑格尔派。正是黑格尔的辩证法引领他走出主观唯心主义的死胡同。1842年4月，马克思开始为莱茵报撰稿。10月上半月，马克思移居科伦，从10月15日起担任《莱茵报》的主编。他需要对森林盗伐、地产细分、自由贸易和保护关税等物质领域发表意见，而他原来所有的哲学及法律知识无法完成这一任务。因此，他开始深入地研究政治经济学。他首先研读亚当·斯密和大卫·李嘉图的著作，他以严谨的科学态度检验这些经济学家的命题，并与自身得到的英法两国的资料对比。这种研究使他得出一个结论，"物质生活的生产方式决定着社会生活、政治生活以及一般精神生活的过程"。对林木盗窃法和摩塞尔河地区农民状况的研究，马克思开始认识到阶级斗争同物质利益的关系。在费尔巴哈的唯物主义观点的影响下，马克思的世界观开始发生转变，由革命民主主义者转向共产主义者。

1843年3月，由于专制的普鲁士政权和书报检查官不能容忍马克思的办报方针和他本人揭露专制政府的文章，普鲁士政府查封了《莱茵报》。17日，马克思退出《莱茵报》编辑部。《莱茵报》被查封的严酷事实使马克思开始质疑黑格尔的有关

异化劳动的扬弃

国家和法的唯心主义观点。马克思深深地感觉到他所坚持的青年黑格尔主义思维方法在处理现实问题的时候存在的先天缺陷。为了解决内心的疑问和苦恼，马克思开始深入研究黑格尔的国家学说，出版了《黑格尔法哲学批判》一书。在这一书中马克思得出一个结论："法的关系正像国家的形式一样，既不能从它们本身来理解，也不能从所谓的人类精神的一般发展来理解，相反，它们根源于物质的生活关系，这种物质生活关系的总和，黑格尔按照18世纪英国人和法国人的先例，称之为'市民社会'，而对市民社会的解剖应当到政治经济学中去寻找。"[①]这一认识使马克思向历史唯物主义前进了一步，为创立新的世界观找到了正确的方向。

1843年10月底，马克思离开落后迂腐的普鲁士，移居法国巴黎。马克思到达巴黎早期的日子主要忙于《德法年鉴》的出版。他开始全力转向经济学的研究是在《德法年鉴》停刊后，这时候他开始考察资本主义的生产关系。当时的法国已经经过了资产阶级革命的洗礼，是资本主义比较发达的国

[①] 海因里·希格姆科夫：《马克思传》，人民出版社2000年版，第5页。

家,是工人运动的中心,各个流派的思想都异常活跃,这为马克思领导共产主义运动提供了良好的外部条件。由此马克思开始了他第一次对政治经济学的系统研究。26岁的马克思在暂居巴黎时写下了这些经济学和哲学手稿。后人将这些残缺不全的手稿加以整理出版,取名为《1844年经济学哲学手稿》,通常也称之为"巴黎手稿"。1843年底到1844年间,马克思阅读了大量的经济学著作,通过剖析资本主义经济关系,马克思注意了对德国古典哲学的批判和对各种社会主义、共产主义学说的考察。《手稿》汇集了马克思在这一时期的研究成果,闪烁着天才的火花,使人们看见了一个人道主义的马克思。据记载,马克思在这一时期曾经同出版商订了出版两卷本《政治和政治经济学》一书的合同。《手稿》很有可能是为该书写的部分草稿。但是由于后来出版商害怕警察的迫害而最终没能出版,因而《手稿》没有完成,也没能发表。在《手稿》中,马克思最早提出了异化概念。可以这么说,马克思的《手稿》因为异化概念而闻名于世。虽然前人对于异化也有一定的研究,但是比较完整的异化理论是在马克思的《手稿》中形成的。因此,我们对于马克思异化概念的人学改造的研究要从他的《手稿》开始。

有一则寓言：一位老人在去世之前对自己懒惰的儿子说："我在咱们家房子后面那片田地里埋了一罐银子。"老人去世后，儿子便跑到房子后面的田地里去挖父亲埋的银子。然而，他什么也没有找到。于是，他把这件事情告诉了母亲。母亲对他说："既然地里没有银子，我们就在这里种上小麦吧。"儿子就照着母亲说的把田地种满了小麦。刚开始的时候，小儿子很耐心地"照顾"小麦，可是时间久了，他懒得去打理。母亲又对他说："不要灰心，等到小麦成熟的季节，田地里的那罐银子就会随之长出来了。"母亲是在说假话，可是偏偏儿子信以为真了。于是儿子每天起早贪黑，细心打理田地里的小麦。秋天麦子成熟，儿子高兴地去麦地里挖银子依然一无所获。他去问母亲，母亲说："也许是时间不够长吧。"吩咐儿子继续种麦子。儿子不再说什么，又跑去田地里忙活着。三年后，小麦又获得了丰收，母亲把小麦全部卖了，又把得回的银子装进了罐子里，递给了儿子，并告诉他，这一罐就是父亲当年埋下的那罐银子，如今长出来了。儿子笑了，对母亲说："我终于明白了，银子是不会从土里冒出来的，是劳动的结果。"

这则寓言告诉我们,真正的财富最终是劳动创造的。

因此,马克思首先从经济事实出发,揭示劳动在社会生产生活当中的巨大作用。他正确指出了生产劳动的作用,揭示出人类历史发展的谜题。在人类的进化过程中,生产劳动起了决定性的作用,其加快了人类的进化历程,生产劳动使人类实现了从古猿到人类的转变。根据马克思的观点,生产劳动创造和生成了人、人类社会以及人类社会历史。正是因为生产劳动使人成为人,远离生产劳动必然造成人和社会的倒退,生产劳动创造了大量物质财富和精神财富,生产劳动创造了和人类相关的一切存在。人类发展至今的道德、宗教、艺术、法律和政治、文化和教育等精神产物都是受生产劳动的普遍规律支配的。呈现在我们眼前的物质财富,例如,高耸的建筑、宽阔的街道、美丽的城池、广阔的田地也都是人类劳动的结晶。所以,生产劳动是人类社会存在和发展的基础。生产劳动创造了人的生命活动本身,将人类与动物区别开来。社会劳动创造财富。社会财富不是凭空而来的,是人类在劳动的作用下创造的。人类作为有意识、有目的的存在,具有创造财富的主观能

异化劳动的扬弃

动性。

其次，在确立了生产劳动在社会发展的历史地位的前提基础后，马克思进一步揭示了资本主义生产关系对劳动的制约作用，揭示了资本主义对人的统治。马克思的人学思想主要体现为人的类本质理论。马克思在《手稿》中分析了异化劳动的四个表现，其中第三个表现阐述了人的类本质理论。人作为类存在物不同于动物，人的生产和动物的生产也有本质的区别。"动物和它的生命活动是直接同一的，人则使自己的生命活动本身变成自己意识和意志的对象。吃、喝、性行为等等，固然也是真正人的机能。但是如果使这些机能脱离了人的其他活动，使它们成为最后的唯一的终极目的，那么在这种抽象中，它们就是动物的机能。动物的生产是片面的，只是在直接的肉体需要的支配下生产，并且只生产自身；人的生产是全面的，人甚至不受肉体需要的支配也进行生产，并且只有不受这种需要支配时才进行真正的生产，人在生产整个自然界。"[1]有意识的自由自觉的生命活动是人和动物的区别。正如马克思在

---

[1] 马克思：《1844年经济学哲学手稿》，人民出版社2000年版，第50—72页。

《手稿》中形象的表述："蜘蛛的活动与织工的活动相似，蜜蜂建筑蜂房的本领使人间的许多建筑师感到惭愧。但是，最蹩脚的建筑师从一开始就比最灵巧的蜜蜂高明的地方，是他在建筑蜂房之前已经在自己的头脑中把它建成了。"[1]

《手稿》时期马克思的人学思想和费尔巴哈一样，都研究人的类本质，这时的马克思认为人的类本质是有意识的自由自觉的劳动。他还没有摆脱费尔巴哈哲学的影响，形成自己的人学思想。他认为共产主义是人向作为社会的人即合乎人的本性的人的自身复归。很明显，他对资本主义制度的批判是基于人道主义立场的批判。这一时期马克思的人学思想还是不太成熟的。

再次，虽然《手稿》中存在着一些带有费尔巴哈痕迹的不成熟的思想，但是《手稿》当中也包含了很多值得我们汲取宝贵经验的、有价值的思想。根据马克思的人的类本质理论，我们可以正确地理解人与自然的关系、人与社会的关系、人与自身的关系以及人与劳动的关系。

---

[1] 马克思：《1844年经济学哲学手稿》，人民出版社2000年版，第50—72页。

异化劳动的扬弃

恩格斯曾经说过："我们连同我们的肉、血和头脑都是属于自然界和存在于自然之中的。"世界是一个普遍联系的整体，人与自然不可分离，人类是整个自然世界其中的一部分，人类是自然界发展的产物。没有人类，自然界依旧存在，自然可以不依存于人类独立存在。但是，人类只有在一定的自然环境之中才能生存，人类的生存依赖于自然界。人类与自然界二者之间是辨证统一的关系。人类要想不断地繁衍生存下去，就必须善待自然，与自然和谐相处。因为自然界是人类存在的载体，没有自然界，人类也无法生存。因此，由于人与自然的一体性，人类对自然的任何改造都会直接或间接地影响到人自身，人类与自然界之间的互动关系内在地要求人与自然和谐发展。

卢梭和小生产浪漫主义者就曾经批判资本主义对于生态的破坏，主张人与自然和谐相处。人道主义者也主张人的全面发展。但是由于阶级和时代的束缚，他们最终没有找到实现理想蓝图的现实道路。他们的主张最终流于空想。相比之下，马克思设想的人的自由和解放是通过对劳动者的解放来实现的。劳动者和劳动的关系是一切压迫和奴役关系的起点。马克思设想的共产主义是通过人并为了人而对人的本质的真正占有，是对人的自我异化的积极扬弃，是向社会的人的复归。这种复归包含了以往全部的发展成果，是对人与自然的关系、人与社会的关系、人与自身的关系以及人与劳动的关系的真正解决。

综上所述，从马克思的论述来看，人与自然和社会，主体与客体应该是统一的。人与自然和社会的分裂，主客体的对立，使前者受制于后者就是异化。随着生产力的发展和人类的进步，人与自然和社会，主体与客体的统一终究能够实现。马克思以物质的劳动实践活动为基础使他与旧哲学根本区别开来。马克思对资本主义生产关系制约作用的揭示使他超越了小生产浪漫主义者和人道主义者。虽然《手稿》对于对于资本主义内在矛盾的揭露还不够彻底，对人的发展的表述也比较抽象，还处于不成熟阶段，但是对于马克思人学思想的建立奠定了基础。

二、《提纲》指出人是社会关系的总和

《提纲》是马克思于1845年春天在比利时的首都布鲁塞尔写成的。整个《提纲》总共不过千余字，但是它所揭示的社会

思想和哲学观点却丰富而深刻。恩格斯曾经说："这是供进一步研究用的匆匆写完的笔记，根本没有打算付印。"《提纲》是恩格斯在整理马克思的1844-1847年笔记时发现的。恩格斯高度评价了《提纲》，认为这是"包含着新世界观的天才萌芽的第一个文件，是非常宝贵的。"如何改造费尔巴哈的旧唯物主义世界观是马克思和恩格斯面临的一项任务。因此，马克思和恩格斯把全部的注意力集中于在理论上发展唯物主义，把唯物主义运用于历史。《提纲》就是他们为了完成这一历史任务而写作的。

《提纲》的内容非常精炼，总共只有11条：

1.从前的一切唯物主义（包括费尔巴哈的唯物主义）的主要缺点是对对象、现实、感性只是从客体方面或者直观形式去理解，而不是把它们当作感性的人的活动，当作实践去理解，不是从主体方面去理解。因此，和唯物主义相反，能动的方面却被唯心主义抽象地发展了，当然，唯心主义是不知道现实的、感性活动本身的。费尔巴哈想要研究跟思想客体确实不同的感性客体，但是他没有把人的活动本身理解为对象性的活动。因此，他在《基督教的本质》中仅仅把理论的活动看作真正人的活动。而对于实践则只是从它的卑污的犹太人的表现形式去理解和确定。因此，他不了解"革命的"、"实践批判的"活动的意义。

2.人的思维是否具有客观的真理性，这不是一个理论问题，而是一个实践问题。人应该在实践中证明自己思维的真理性，即自己思维的现实和力量，自己思维的此岸性。关于思维——离开实践的思维——的现实性或非现实性的争论，是一个纯粹经院哲学的问题。

3.关于环境和教育起改变作用的唯心主义学说忘记了：环境是由人来改变的，而教育者本人一定是受教育的。因此，这种学说一定把社会分成两部分，其中一部分凌驾于社会之上。环境的改变和人的活动或自我改变的一致，只能被看作是并且合理地理解为革命的实践。

4.费尔巴哈是从宗教上的自我异化，从世界被二重化为宗教世界和世俗世界这一事实出发的。他做的工作是把宗教世界归结于它的世俗基础。但是，世俗基础使自己从自身中分离出去，并在云霄中固定为一个独立王国，这只能用这个世俗基础的自我分裂和自我矛盾来说明。因此，对于这个世俗基础本身应当在自身中、从它的矛盾中去理解，并在实践中使之革命化。因此，例如，自从发现神圣家族的秘密在于世俗家庭后，世俗家庭本身就应当在理论上和实践中被消灭。

5.费尔巴哈不满意抽象的思维而喜欢直观，但是他把感性不是看作实践的、人的感性活动。

6.费尔巴哈把宗教的本质归结于人的本质。但是，人的本质不是单个人所固有的抽象物，在其现实性上，它是一切社会关系的总和。费尔巴哈没有对这种现实的本质进行批判，因此他不得不：（1）撇开历史的进程，把宗教感情固定为独立的东西，并假定有一种抽象的、孤立的人的个体。（2）因此，本质只能被理解为"类"，理解为一种内在的、无声的、把许多个人自然地联系起来的普遍性。

7.费尔巴哈没有看到，"宗教感情"本身是社会的产物，而他所分析的抽象的个人，是属于一定社会形式的。

8.全部社会生活在本质上是实践的。凡是把理论引向神秘主义的神秘东西，都能在人的实践中以及对这个实践的理解中得到合理的解决。

9.直观的唯物主义，不是把感性理解为实践活动的唯物主义，至多也只能达到对单个人和市民社会的直观。

10.旧唯物主义的立脚点是市民社会，新唯物主义的立脚点是人类社会或社会的人类。

11.哲学家们只是用不同的方式解释世界，问题在于改变世界。

马克思对于异化概念的研究从来都没有终止。《提纲》时期马克思对费尔巴哈的态度发生了根本的转变，开始转向批判费尔巴哈，确立了认识人的本质的社会关系原则，揭示出了人的本质，提出："人的本质并不是单个人所固有的抽象物，在其现实性上，它是一切社会关系的总和"[①]。在《手稿》时期，马克思高度赞扬和肯定了费尔巴哈，在人的类本质的认识上与费尔巴哈的观点一致。然而，《提纲》时期马克思对人的本质的认识却不再同于《手稿》时期。他批判费尔巴哈只能把人的本质理解为类，把宗教的本质归结为人的本质。马克思指出人的本质是社会关系的总和，提出认识人的本质的社会关系原则。马克思在《提纲》中批判了费尔巴

[①] 姚顺良：《马克思主义哲学史：从创立到第二国际》，北京师范大学出版社2010年版，第9页。

哈用自然属性规定人的本质，开始用社会关系表达现实生活中的人的本质。但是这一时期马克思对人的表述还具有一定的抽象性。总之，《提纲》中马克思的人学思想解决了人与动物的本质区别问题和不同阶级人的区别问题这两个方面的问题。虽然《提纲》内容非常精炼，也没有进行深入的展开，却为马克思之后的研究打下了基础，提供了方向性的指导。

三、《形态》显示马克思人学思想走向成熟

《形态》一书是马克思和恩格斯于1845—1846年继《神圣家族》合著的第二部著作。在这部著作中，马克思和恩格斯系统而全面地阐发了他们的世界观。这部著作是当时资产阶级革命实践的结晶，也是马克思和恩格斯思想发展的必然产物。1845年2月和4月，马克思和恩格斯相继到达布鲁塞尔。当时欧洲的无产阶级革命形势蓬勃发展，各国的无产阶级已经组织起来，各国工人团体和共产主义运动组织相继出现。欧洲的工人运动已经从自发的斗争发展到有组织的联合行动，无产阶级登上了历史舞台。但是这时的工人运动

还缺少科学的无产阶级政党和科学世界观的指导,工人运动处于黑暗的摸索当中。因此,为了科学地领导无产阶级革命运动,也为了阐发历史唯物主义的基本观点,批判当时的青年黑格尔派的主观唯心主义和费尔巴哈的人本主义和唯心史观,清算自身过去的哲学信仰,创立崭新的科学世界观,马克思和恩格斯决定再合作写一部著作。《形态》的出版标志着马克思主义哲学思想体系基本形成。

在《形态》这部著作中马克思揭示了生产力和生产关系的辩证关系原理,这是历史唯物主义的诞生之作。马克思立足于直接生活的物质生产来考察现实的生产过程。他认为整个历史的基础是与生产方式相联系的交往方式(生产关系)。生产决定着每个人的生活状态是什么样的。因此,了解特定时期的人的生活,不能从抽象的理想和愿望出发,需要立足于他们的物质基础和社会关系,立足于他们的社会实践活动。无论处于哪一个时代的人的活动总是现实的历史的活动,他们也总是现实的历史的人。《形态》对于世界观的变革意义是很强大的。在这本著作中,马克思很少再使用"类本质"和"异化"这样的概念表述。《形态》时期马克思的人学观点从抽象的人转变成现实的、具体的人,也是在这一时期马克思认识人的社会历史性原则得以确立。

《手稿》时期马克思对人的理解还是抽象的只具有共同的类本质的人,把人的本质理解为自由自觉的劳动。《提纲》时期马克思认识到人的社会和阶级本质。直至《形态》时期,马克思明确指出现实的人应该是个人,是从事历史活动的个人,是在具体的条件下制约的个人,是社会的个人,是发展过程中的人。人的本质在其现实性上是一切社会关系的总和。马克思指出唯物史观的前提是有生命的个人存在,现实的、具体的人是唯物史观的出发点。人具有的共同的类本质是存在于具体的、活生生的个人之中的。马克思所要研究和解释的人不仅是具有共同的类本质的人,而且是千差万别和个体的人。只有现实的、具体的,活生生的个人才能说明不同时代,不同历史发展时期,不同阶级和阶层,不同社会地位以及同一社会地位的人为什么各不相同。《形态》揭示出社会历史是由千差万别的个体的人创造的。

那么,我们如何来理解唯物史观的前提是有生命的个人存在?社会性原则和历史性原则是现实的、具体的、活生生的人的根本性质。所谓社会性原则，《形态》指出现实的、具体的、活生生的个人不是与世隔绝的、离群索居状态的人，而是可以通过经验观察到，处于一定条件下，现实的发展的，具有一定社会关系的个人。虽然马克思在《提纲》当中也揭示了人的社会本质和生产关系本质，但是《形态》才开始深入和具体并走向成熟。所谓历史性原则，《形态》指出，具体的、现实的、活生生的个人是社会历史中的人。个人的存在是受具体的社会历史条件制约的。马克思立足于社会性原则和历史性原则，克服了对人的抽象性的认识，用现实的、具体的、千差万别的个人解释类，批判了用类去解释现实的、具体的、千差万别的个人的观点。社会性原则和历史性原则可以说明不同历史条件下人的差异性，根据这两个基本原则，可以得出,动态的、发展的人、人的本质，可以克服一般的、抽象的社会，可以得出社会由低级到高级的不断更替的社会形态理论。因此，马克思得出了社会发展规律，诞生了历史唯物主义。

马克思对异化概念的人学改造对于我们当代人树立正确的生存观和发展观有重要的启示意义。马克思的"现实的人"观点是其历史唯物主义的基石,是马克思人学思想的发展基础。然而,马克思的人学思想并非只是停留在唯物史观的门口,马克思全部理论发展都始终贯穿着人的全面发展的主线。人的全面发展是马克思人学思想发展的最高追求,是人类社会发展进步的必然趋势,是共产主义社会的本质特征。以人为本思想是马克思人的全面发展观点的现实表现形态。在邓小平理论的指导下,经过三十多年改革开放和经济发展,中国取得了阶段性的重大成就。可是,在发展过程中也出现了很多不尽人意的地方。比如,经济发展不平衡,收入差距拉大,贫富分化等问题。这些问题的出现容易产生新的矛盾,影响社会主义的最终目标——人的全面发展的实现。因此,我国在发展的过程中要始终坚持以人为本。坚持以人为本不仅需要把人放在主体的地位上,也需要把实现人的自由全面发展作为社会发展的最终目标,既要做到发展依靠人,又要做到发展为了人。在实践过程中,我们不能离开经济发展的具体实际状况,将以人为本与人的全面发展等同起来,而是要在发展经济的基础上考虑到人的生存状态,从经济、政治、文化、生态各方面为人的生存创造良好的条件，不断实现人的全面发展。这样才能把实现人的发展的阶段性目标与人的全面发展的终极目标结合起来，逐渐地沿着实现人的自由全面发展的道路前进。

总体而言，我国的以人为本思想是对马克思人学思想的发展与创新。"以人为本继承了马克思人学思想的哲学基础，弘扬了马克思人学思想的理论品格，彰显了马克思人学思想的价值取向。从定义上看，以人为本中人是指与物相对应的人。以人为本就是以与物相对应的人为本。因此，在处理人与物二者之间的关系上，以人为本的基本要求就是把人放在首要的位置。以人为本深刻体现了马克思唯物史观的基本要求，是马克思人学思想在当代中国的发展。坚持以人为本，实现可持续发展，就是要正确处理人与自然的关系，合理开发自然资源。人与自然之间的和谐关系是保证人类可持续生存与发展的必要条件。坚持以人为本，实现可持续发展，就是要正确处理人与经济的关系。不仅要求我们实现经济又好又快的发展，更要使得经济的发展成果切实的分配在全体人民身上。坚持以人为本，实现可持续发展，就要正确处理人与社会的关系。在人、自然、经济和谐发展的基础上，促进社会和谐发展。因此，在社会主义实践过程中，以人为本在实现社会可持续发展、社会和谐进步以及人的全面发展方面具有重要的理论和实践意义。"①

---

① 桂立：《"以人为本"对马克思人学思想的新发展及其现实意义研究》，《中南民族大学》2011年第2期。

第二章 什么是异化劳动

在介绍完异化概念的起源和马克思对异化概念的人学改造之后,让我们将注意力集中在"异化劳动"之上。本章我们总共探讨四个问题:马克思为什么要分析异化劳动;异化劳动与自由自觉的劳动的区别;异化劳动的四个表现;异化劳动产生的原因。

第一节 马克思为什么要分析异化劳动

一、批判资本主义制度

马克思之所以能够站在社会底层人民的立场上反对资产阶级上层社会,批判资本主义制度,这与他的家庭出身、教育经历、成长环境以及个人禀赋密切相关。

卡尔·马克思诞生在普鲁士的一个最先进的省份，具体地点是德国西部边境德意志母亲河摩塞尔河畔的一座小城——特利尔。马克思在这里度过了他的青少年时代，17岁的时候才前往波恩大学和柏林大学求学。特利尔由古罗马人建于公元前16年，是德国最古老的城市之一，至今已有三千六百多年的历史，曾是罗马皇帝的居住地和西罗马帝国的首都。罗马皇帝奥古斯都将这里建成后方重镇，这一年就是特利尔的开始。特利尔与邻国卢森堡、比利时和法国都近在咫尺。城市的大部分地区都在摩塞尔河右岸，地理位置得天独厚，属于温带海洋性气候，自然风景优美。罗马帝国时期是特利尔的黄金时代，至今遗迹尚存，特利尔也因此是德国现存古罗马时代遗迹最多的城市。罗马时期的城门（特利尔人把它称为大黑门）就是遗存下来的古迹之一。布吕肯街10号的马克思故居始建于1727年，是一座灰白色的3层楼房，淡黄的粉墙、棕色的门楣和窗沿、乳白色的窗扉，是当时德国莱茵地区的典型建筑。1818年，马克思的父亲亨利希·马克思租用了这所房子开办律师事务所。同年5月5日，马克思诞生在这里，马克思一家在这里住了一年半时间。1928年，德国社会民主党以近10万帝国马克从私人手中买下了这座当时已改为铁器店的马克思故居。以后将其改建成马克思、恩格斯纪念馆。1933年，德国纳粹上台，故居被没收，文物被洗劫一空。直到1947年5月5日，马克思故居作为纪念馆被开放。

马克思成长的家庭充满市民阶级启蒙精神与人本主义思想。亨利希·马克思是马克思的父亲，是有名的律师，当地德高望重的知名人士，同时也是崇拜卢梭等启蒙思想家的稳健的自由主义者，推崇资产阶级人道主义，崇拜法国的资本主义。马克思是父母的第三个孩子，第二个孩子是比马克思大两岁的女儿索菲亚。家里最大的儿子莫里茨·达维德在1819年夭折了。这样，马克思成为了家里的长子，深得父亲的喜爱。父亲不时提到这个儿子才华横溢，并希望儿子沿着自己走过的路，成为一个备受人们尊敬的、富有理性和博爱精神的律师或大法学家。他也很认同自己的父亲。受父亲的熏陶，中学之前的马克思对法国的资本主义是怀有向往的。

1835年10月，马克思进入波恩大学法律系。在波恩大学学习的第一年，马克思得到"勤勉和用心"、"十分勤勉和经常用心"的好评语。马克思和同学一起参加同乡会，第二学期被选为特利尔同乡会的主席。但是，波恩大学的学习环境并不是很好，马克思曾因醉酒喧闹被学校罚了一天禁闭，同时市民阶级的大学生和容克子弟冲突不断。马克思在1936年8月还与一个可能是贵族子弟的人进行过一次决斗。父亲对这种发展趋势深感忧虑。因此，1836年10月，马克思转学到柏林大学。马克思与其父亲的感情很好，在柏林大学读书期间，马克思与父亲的书信不断，下面是节选的其中一篇。

发现黑格尔——马克思给他父亲的信
卡尔·马克思

亲爱的父亲：

在每一个人的生命之中都会有很多"前卫站"，它们标志着一个阶段的结束，但是同时也清晰地表明了一个新的前进方向的开始。

我到了柏林大学之后，我放弃了我原来的所有联络，也很少到朋友们那里去串门，因为我想将我自己沉浸于科学与艺术之中。

与我当时的思想状态所适应，我的第一个着重点必然是诗词，这也是最直接与最愉悦的课程。但是由于我当时的思想态度与我过去的成长情况我对它的理解完全是唯心主义的。我的天堂，我的艺术，成为了一个超越这个俗世的世界，与我的爱那样遥不可及。所有真实的物体都变得模糊起来了，而模糊之物是没有明确的界限的。我送给燕妮的那些前三卷中的所有的诗都是有关当代社会对我们生活的攻击，一种发散思维式的对情感的浅薄表达，都不是自然的，全部都是荒唐的空想，是"所以然"与"当然"之间的完全对立，是修辞式的反映而不是诗性的思想表达，但是我觉得也有一些温暖的感觉与诗性情感的火花。但是诗词毕竟只是也必须只是一个副科，我必须要学习法律，并且我也想钻研一下哲学。

从我向康德与费希特那里学来的唯心主义哲学开始，我萌发出了要从现实世界本身来寻找"理念"的思想。如果说在过去，神是高居世界之上的，则现在神变成了世界本身的中心。

我也读了黑格尔哲学的一些零星的片段，但是它那丑怪崎岖的旋律并不吸引我。我又一次想要跳入思想的汪洋大海之中，但是我当时有一种非常明确的愿望，就是想要证实出人类灵魂的本质也是像人类身体的本质那样建立在一个必然与坚实的基础之上。我不再想要仅仅是去玩耍两下子剑术，而是想真正地让那美丽的珍珠重见天日。

于是我写了一篇长达二十四页的哲学对话录：即"论哲学之原道与它的必然发展之路"。在这里原本一直都是彻底分开着的艺术与科学在一定程度上被结合起来了，而我则像一个富有激情的旅行家那样来从事着这个哲学命题的建立，它即是一个辩证主义的神学观，这种神学表现为自在的理念，宗教，自然界与人类历史本身。我在这篇哲学论文中最后提出的命题就是整个黑格尔哲学系统的开端。

很多天以来，我在哲学问题上的为难简直让我无法思考，我在施普雷河畔的花园中疯狂地奔跑，据说这条河可以"洗净灵魂并且稀释茶水"。我甚至与我的地主一起去打猎，我还跑到了柏林并且想要热情拥抱那里每一个在街头卖面包的小商贩。

由于燕妮的病让我非常伤心，再加上我自负的并且毫无成果的学术探讨，还有就是总是有一种潜在的并且惹人讨厌的在心中的唠叨告知我已经将我所厌烦的那种哲学观点变成了一种偶像，我终于病倒了，就像我给你——我亲爱的父亲——所写的信中所指出的那样。当我恢复过来了之后我将我原来所写的所有的诗词与故事的提纲等等全都烧掉了，我幻想这样我就可以逃脱这些哲学问题了，但是目前来看还没有任何证据表明我真的已经逃离了这些。

在我生病的那段时间里，我对黑格尔与他的徒弟们的哲学有了一个更为深入的了解。从我在斯特拉罗与一些朋友们的会谈那里我发现了一个称为"博士俱乐部"的组织，它包括了一些大学教授与我在柏林最贴心的朋友，罗登堡博士。在这里的许多辩论当中，很多不同的哲学观点与理论都被提了出来，我也就越来越被这个我原先想要从中逃出的现代世界哲学系统所吸引住了。

亲爱的父亲，请您原谅我这几乎无法辨认的笔迹与书写风格，因为现在已经是将近凌晨四点钟了，蜡烛已经燃烧至尽，我的双眼也已经几乎无法睁开了，一种真正的疲劳已经似乎控制住了我的身体，直到我见到您——我亲爱的父亲——为止，我都不可能将这些喧嚣的思想幽灵真正地平静下来。

请您务必要给我那亲爱甜蜜的燕妮送去我的祝福。我已经将她送给我的情书读了十二遍,每一次读它我都可以发现更多让我欣喜的地方。这封情书在每个方面,包括它的风格在内,都是我所能想象的来自女人的一份最美丽的情书。

卡尔·马克思

1837年11月10日

当我们读完马克思寄给父亲的这封书信的时候,我们不得不提到一位对马克思的一生有重大影响的伟大女性——燕妮·马克思。燕妮·马克思原名燕妮·冯·威斯特华伦,后随夫姓,全名燕妮·马克思。她是马克思的妻子、助手和亲密战友,生于德国威斯特华伦的一个贵族家庭。为了支持马克思的革命事业,她几乎献出了自己的一切。不清楚现在的人们怎样来看待燕妮的选择。崇尚爱情的人看来,对待爱情她忠贞不渝;崇尚物质享受的人看来,她的坚持傻瓜到了极点;女权主义者看来,她生活在马克思大男人主义的强大身影下;街道大妈看来,她真是隔壁柱子家的好媳妇儿。燕妮对于马克思的相守非常符合中国的传统价值观。燕妮作为妻子,温柔、善良、美丽、贤惠、爱家、无私地支持丈夫的革命事业。俗话说,贫贱夫妻百事哀，贵族家庭出身的燕妮在经济极度贫困中坚定地与马克思厮守，艰难持家，无怨无悔。

解读马克思的婚姻，可以引发我们对于理性婚姻的思考：马克思和燕妮是典型的"门当户对"婚姻，这里的"门当户对"主要是指他们两个家庭具有相当的修养水平。很多人都知道燕妮出身名门贵族家庭，父亲是枢密机要官，家世显赫，到十七八岁时，被人们公认是"特利尔最美的姑娘"、"舞会皇后"。马克思是犹太人，当时在德国是二等公民。燕妮同父异母的哥哥极力反对他们来往，可燕妮不顾哥哥的反对，一直与马克思交往。这一切给人的感觉是燕妮下嫁马克思。事实上，马克思家境在当时也是很不错的，父亲属于当时上流人物，是有名的大律师。马克思和燕妮的父亲平日里常有往来，并非门不当户不对。或许，相比之下马克思家庭最大的缺陷是犹太血统受到了当时世俗的歧视。但是，马克思为了能够娶燕妮为妻做出了自身的努力，他采用的是通过读书提高自身，向上流动的办法来填平差距。马克思和燕妮私订终身之后，还不敢告诉他的岳父大人，而是跑到柏林大学苦读了五年，拿到一个博士学位回来，把博士论文送到岳父手里，岳父才同意了这

异化劳动的扬弃

门婚事。事实上,他们两个家庭的背景和修养水平是比较匹配的。双方社会地位和各种背景相差较大的婚姻往往很难维持长久。马克思的出身其实并不贫困,只是在他完成学业进入社会与当时的政权对抗的过程中才开始贫困的。应该说,贫困的生活是马克思和燕妮共同的选择。一般而言,价值观和生活差异太大的两个人无法共同生活在一起。燕妮为什么能够在马克思异常穷困潦倒的情况下始终没有离开他,是因为她和马克思一样认为从事思想工作和革命事业是一项崇高的事业。马克思和燕妮的爱情可谓佳话。燕妮晚年由于过度劳累得了癌症,马克思的身体也越来越差。马克思的小女儿艾琳娜在谈到双亲暮年生活的时候说:"我永远忘不了那天早晨的情景。他觉得自己好多了,已经走得动,能到母亲房间里去了。他们在一起又都成了年轻人,好似一对正在开始共同生活的热恋着的青年男女,而不像一个病魔缠身的老翁和一个弥留的老妇,不像是即将永别的人。"[1]

马克思慈父般的朋友——威斯特华伦(也就是他岳父)是

---

[1] 海因里·希格姆科夫:《马克思传》,人民出版社2000年版,第5页。

一位有高深素养和富于自由思想的人。虽然当时一般的贵族都是很鄙视平民的，但是他的岳父是通过平民转变成贵族的，有平民气息在里面。虽然是长官，但是有社会主义思想，对于社会主义很感兴趣。马克思从这位慈父般的朋友这里得到的激励是他在学校得不到的。他常专注地倾听威斯特华伦指控特利尔人备受折磨的贫困状况。也是在威斯特华伦家，马克思第一次听到了法国空想社会主义者圣西门的思想。只是当时马克思和我们大多数人一样认为社会主义是空想。

马克思走上反对资本主义道路和他中学校长的教育也分不开。特利尔中学于1815年就由普鲁士文化部领导，但是这所学校始终没有屈从于当时的容克精神。这当然与当时的中学校长——符登巴赫主持校务有方分不开。富有自由主义思想的符登巴赫校长注重在学校里培养启蒙思想和人道主义精神。该校长鼓励自己的学生立大志，立志为人类的幸福奋斗。该校的教学水平也很高，教师中有好几位著名的学者。因此，立志为社会底层人民谋福利的事情在学校里是不会遭到嘲笑的。

年仅17岁的马克思在他的中学毕业作文《青年选择职业时的考虑》中写道："我们的使命决不是求得一个最足以炫耀的

职业,因为它不是那种使我们长期从事而始终不会情绪低落的职业……对于那些思想高尚、致力于为全人类服务的人们,历史称之为最伟大的人物;对于曾使大多数人幸福的人,经验颂之为最幸福的人。"并最后用这样的话结束了他的作文:"如果我们选择了最能为人类福利而劳动的职业,那么,重担就不能把我们压倒,因为这是为大家而献身;那时我们所感到的就不是可怜的、有限的、自私的乐趣,我们的幸福将属于千百万人,我们的事业将默默地、但是永恒发挥作用地存在下去,面对我们的骨灰,高尚的人们将洒下热泪。"[1]年轻的马克思谴责那种仅仅依据自私自利的打算或基于物质利益来选择职业的做法。这样马克思走上了批判资本主义制度,为全人类幸福奋斗的事业。

马克思出生在犹太律师家族。犹太人在德国历史上受歧视。马克思父亲是有名的律师,家里虽然有钱,但是属于市民阶层也被当时的世俗歧视。当时占统治地位的是贵族(大地主),有爵位,有特权,有社会地位。市民阶层和容克地主之

---

[1] 海因里·希格姆科夫:《马克思传》,人民出版社2000年版,第5页。

间存在着冲突。在马克思的成长和实践过程中，他没有站在大地主大资产阶级的立场上看问题。当他看到那些被社会歧视的人时，想到的是怎么能够让这些人都得到幸福。一个人如果在历史上没有被歧视，同情弱者比较难。马克思同情下层人民有两个因素：一是他是犹太人，被歧视；二是他属于市民阶层，被歧视。马克思最初不是社会主义者也不是共产主义者，他是法国资本主义社会的崇拜者。后来怎样转变为社会主义者和共产主义者的呢？这两个因素使他在支持资本主义社会的时候并不是完全维护上层社会的利益，他比较能够同情穷苦人民。也就是这一点最终使马克思站到了社会底层人民的立场上批判资本主义制度。

　　前文也已经提到，马克思从1842年4月开始为《莱茵报》撰稿。在这期间他打算写几组令人信服的论文向读者证明，德国在政治上所达到的发展阶段，距一个现代资产阶级社会还很遥远。10月，《莱茵报》的股东们聘任马克思为编辑。在此期间，马克思在着手写一篇《关于林木盗窃法的辩论》的连载文章的时候，第一次遇到为物质利益发表意见的难事。当时德国地主阶级对森林、草地和从前由农民公共使用的土地进行大规模掠夺。农民为了反对掠夺，便到处砍伐树木。在莱茵省议会中，对所谓"林木盗窃"问题进行了激烈的辩论。地主阶级和新兴资产阶级坚决维护林木占有者的利益，要求对一切私伐林木的行为处以重刑，甚至要求把捡拾枯枝的行为也当作盗窃来惩治。马克思揭露了林木占有者的贪图私利和省议会维护剥削者利益的阶级实质。他坚决捍卫政治上和社会上受压迫的贫苦大众的利益。也就是从这个时候开始，马克思开始转入到经济学领域进行研究。他指出："一切社会变迁和政治变革的终极原因，不应当在人们的头脑中，在人们对永恒的真理和正义的日益增进的认识中去寻找，而应当在生产方式和交换方式的变更中去寻找；不应当在有关的时代的哲学中去寻找，而应当在有关的时代的经济学中去寻找。"①

马克思从这时候开始认识到，在经济学中隐藏着人类关系的根源，只有进入经济领域和社会历史领域，才能解决人类的生存问题。

1844年3月，马克思《手稿》的写作，实现了由异化到异

---

① 海因里·希格姆科夫：《马克思传》，人民出版社2000年版，第5页。

化劳动的发展。从这一时期开始，马克思的研究重点从政治批判转向经济批判。马克思指出："一个种的全部特性、种的类特性就在于生命活动的性质，而人的类特性恰恰就是自由的有意识的活动。"他在对人性深刻理解的基础上，提出了人的本质应该是人类有意识的自由自觉的活动。人的这种有意识的自由自觉的活动表现为生产就是劳动。马克思还指出最重要的一点："资本主义制度下无法实现劳动者的自由自觉的劳动。"资本主义制度下，劳动者把自己的劳动外化在自己的劳动产品中，这样劳动者内在的劳动成为外部的存在，劳动者的劳动作为一种异己的东西不依赖于自己而在自己之外存在着，并成为与自己相对立的独立力量。劳动是劳动者的本质力量对象化的一种活动。在这种劳动中，劳动者的聪明才智和肉体力量通过生产的劳动产品体现出来。劳动者通过劳动自身的智慧和体力都获得了发展，劳动者还在劳动实践中感到一种创造的成就感。但是，在异化劳动中，劳动的性质却发生了改变。劳动者在自己的劳动中不是肯定自己，不是感到幸福，不是自由地发挥自己的肉体和精神力量，而是否定自己，感到不幸，使自己的肉体和精神受到摧残。资本主义社会无产阶级劳动者与劳动者的异化是灾难性的。正如,马克思和恩格斯在《神圣家族》中指出:"有产阶级和无产阶级同是人的自我异化,但有产阶级在这种异化中感到自己是被满足的和被巩固的,它把这种异化看作自身强大的证明,并在这种异化中获得人的生存的外观。而无产阶级在这种异化中则感到自己是被毁灭,并在其中看到自己的无力和非人的生存的现实。"

总之,资本主义生产资料私有制必然产生劳动异化现象。异化劳动造成了劳动者与自己的劳动产品、与劳动本身、与自己的类本质以及与其他劳动者的异化,使劳动者成为劳动的奴隶,无法进行自由自觉的劳动。马克思分析异化劳动是为了从根本上批判资本主义制度。

二、批判古典经济学的弊端

马克思研究异化劳动理论的另一个重要原因是为了批判古典经济学的弊端。我们往往对于古典经济学和新古典经济学的概念界定并不是很清晰。古典经济学通常指英国古典经济学,由亚当·斯密于1776年开创。它是在凯恩斯理论出现以前的经济思想主流学派。他提出一切物质生产部门都创造财富的观点，其《国富论》把资本主义经济学发展成一个完整的体系。主要追随者包括大卫·李嘉图、托马斯·马尔萨斯和约翰·穆勒。英国和法国是古典经济学理论产生和发展的主要地点。在英国，最具有代表性的人物是威廉·配第和大卫·李嘉图。在法国，最具有代表性的人物是英国的亚当·斯密和法国重农学派的创始人弗朗斯瓦·魁奈。新古典主义于20世纪60年代后期开始在一片批判"传统发展经济学"的浪潮中兴起。现代西方经济学历经了"张伯伦革命"、"凯恩斯革命"和"预期革命"等三次大的革命，形成了包括微观经济学和宏观经济学的基本理论框架，这个框架被称为新古典经济学，以区别于之前的古典经济学。古典经济学有两个分支：一个以马克思为代表，沿着劳动价值论线索揭露资本主义经济制度的剥削性质，并号召无产阶级投身革命，推翻资本主义制度，成为世界无产阶级的革命纲领；另一个则是通过对需求和效用的认识，建立在"边际效用论"和"均衡价格论"基础上的新古典经济学也被马克思称为庸俗经济学。

亚当·斯密出生于苏格兰法夫郡的寇克卡迪。他才华横溢，喜欢思考，研究学问专注、热情。1751年后，亚当·斯密在格拉斯哥大学不仅担任过逻辑学和道德哲学教授,还兼负责学校行政事务,直到1764离开。1759年,亚当·斯密出版了《道德情操论》。后来,于1768年开始着手著述《国富论》。1773年,《国富论》基本完成后,经过三年多的润色,1776年3月,此书正式出版。此后,世人尊称他为"现代经济学之父"。1787年被选为格拉斯哥大学荣誉校长,同时被任命为苏格兰的海关和盐税专员。1787年至1789年间一直担任格拉斯哥大学荣誉校长。他用"看不见的手"这一形象的说法,进一步揭示了经济规律的自发作用。

威廉·配第出生于英国的一个手工业者家庭,一生从事了很多职业,他头脑聪明,学习刻苦,善于投机,勇于冒险。他主要的代表作品有:《赋税论》、《政治算术》、《货币略论》等,被称为"英国经济学之父"。他的成绩很大程度上归功于他的个人经历与素质,以及在此基础上形成的新的研究方法。他是第一批表明经济过程中有着可以认识的客观规律的人物之一,第一个提出了劳动时间决定商品价值的原理,奠定了整个古典经济学的基础。

大卫·李嘉图是英国金融界知名人士和古典经济学的完

成者。他随父亲在伦敦交易所参与实际工作,熟悉有关金融方面的业务与技能。由于他善于钻研业务成为英国金融界巨富之一。此后,他在交易所工作的同时还从事科学研究。一次偶然的机会他读到亚当·斯密的《国民财富的性质和原因的研究》,开始了对政治经济学的研究。他在实践中体会到亚当·斯密书中的"竞争无处不存在,竞争总是带来更大的利益"的基本思想是十分可信的。李嘉图的一生最成功的著作是《政治经济学及赋税原理》。他继承亚当·斯密的学说,抛弃其中的非科学成分,完成了亚当·斯密没有完成的劳动价值论,使古典经济学达到最高峰。

约翰·穆勒是英国著名改良主义经济学者和李嘉图国际贸易学说的著述者与补充者。詹姆士·穆勒所著《政治经济学纲要》即是在笔录稿的基础上改写而成。其父与李嘉图交往甚密,小穆勒常到李嘉图家当面受教。1820年,14岁的穆勒前往法国,颇受萨伊·圣西门的影响。翌年回国,继续钻研。1844年,出版《政治经济学中若干未解决的问题》一书,此书收录了他在1830—1831年间所写五篇学术论文。1848年,出版《政治经济学原理》。后来,他成为著名哲学家,出版过《论自由》、《逻辑体系》等书。

弗朗斯瓦·魁奈是资产阶级古典政治经济学奠基人之一，法国重农学派的创始人和重要代表。《经济表》是魁奈一生当中最重要的著作。马克思曾在很多著作中提到重农学派和魁奈时，都给予魁奈很高的评价，认为他是把政治经济学建立成为一门科学的人，并指出魁奈的经济理论体现在了他的《经济表》中。魁奈的《经济表》就是要通过图解来清楚他说明：一个国家（实际上就是法国）每年的总产品，怎样在这三个阶级之间流通，怎样为每年的再生产服务。魁奈从实际出发对经济现象进行分析，寻找出各种经济事象之间的规律性。《经济表》实际上是资本主义社会财富的生产、流通、分配的有规律的运行过程的简明图示说明，这对经济理论的研究有重要的意义。

托马斯·马尔萨斯出生于英国萨里郡多金附近一个富有的家庭。他的父亲丹尼尔与哲学家、怀疑论者大卫·休谟和让·雅克·卢梭是朋友。1805年，他被聘请为海利伯利东印度公司学院历史和政治经济学教授，他在余生中一直担任此职。马尔萨斯经济学论著中最重要的是《政治经济学原理》（1802

年)。该书影响了后来的经济学家约翰·海纳德·凯斯。

马克思的异化劳动理论以劳动价值论为出发点。既然如此,那么马克思又否认了古典经济学的哪些观点呢?这是一个必须回答的问题,因为马克思此时在总体上确实否定古典经济学。"马克思否定的是古典经济学'见物不见人'的劳动价值论,也就是反对那个'无个性的抽象劳动'或'一般的无人身的劳动'。马克思认为,正是因为从这种抽象劳动出发,古典经济学家才把工人看成商品,'把工人变成帽子'。也就是说,劳动的主体异化为他的对象,并受到对象的统治。这种关系表现在劳动与资本的关系中就是:本来只是劳动积累的资本反过来支配着劳动,资本所有者占有劳动所有者的劳动成果。因此,'在李嘉图看来,人是微不足道的,而产品则是一切',古典经济学对人'漠不关心'。可见,马克思此时不是一般地反对劳动价值论的基本内容,而是反对古典经济学从劳动价值论出发(马克思确认这个出发点是正确的)所得出的反人性的结论。马克思站在无产阶级的立场上,强调劳动的主体性,必然会认为'劳动在国民经济学中仅仅以谋生活动的形式出现','劳动者的劳动变成一种无个性的抽象劳动,这本身就是反人的，这说明资产阶级社会产生的反动性'。关于这一点，可以用马克思在第一笔记本中的一句话得到证明。他说：'国民经济学虽然从劳动是生产的真正灵魂这一点出发，但是它没有给劳动提供任何东西，而是给私有财产提供了一切。'正是这句话说明了马克思否定的不是古典经济学从劳动出发这一点，否定的是它从这个基础出发却得出了反对劳动和工人的结论。或者说，'国民经济学由于不考察工人（即劳动）同产品的直接关系来掩盖劳动本质的异化'。恩格斯也指认了这一点，即'劳动是生产的主要要素，是财富的源泉，是人的自由活动，但很少受到经济学家的重视。"[1]

"在马克思看来，正是由于古典经济学的这一错误，使他一方面把劳动看成是社会财富的决定力量，另一方面又'把无产者即既无资本又无地租，全靠劳动而且是靠片面的、抽象的劳动为生的人，仅仅当作工人来考察'，'国民经济学把工人只当作劳动的动物，当作仅仅有最必要的肉体需要的畜生，'工人不是人。在古典经济学的视野中，工人与其他生产资料一

---

[1] 张金鹏：《异化劳动理论与古典经济学关系辨析》，《江苏科技大学学报（社会科学版）》2012年第2期。

样不是人而只是物，这是对人的彻底否定。换句话说，古典经济学把工人的异化当成了一般的前提，而没有也不愿去考察这个异化产生的原因。黑格尔由于同样原因也没有将劳动的对象化和劳动的异化进行区分，从而把异化看成是绝对精神自我实现的必然环节，在客观层面上肯定了异化的合理性。而马克思从人本主义的立场出发，强调劳动的主体性，也就必然要将劳动的对象化和异化进行区分并肯定对象化而批判异化。从这个意义上说，马克思同样不是一般地否定劳动价值论，而是否定古典经济学以异化作为其理论前提从而为资本和私有制服务的资产阶级立场。所以，马克思指出，国民经济学的错误在于从私有制这个前提出发，但没有追问私有制的本质。这是由马克思当时的共产主义立场和人本主义的理论逻辑所导致的批判话语。这种批判当然使马克思无法科学地理解劳动价值论，但也不能因此说马克思此时对古典经济学的态度就是全盘否定的。笔者认为，如果一定要说马克思否定了劳动价值论，那么他也只是对劳动价值论的部分否定——即对古典经济学劳动价值论的反人性结论的否定，而不是对劳动价值论出发点的否定。否则，我们将无法理解，为什么马克思在批判劳动价值论的同时却又以劳动为基础来展开他对资产阶级社会和古典经济学的批判。"①

第二节 异化劳动与自由自觉的劳动

我们在学习自由自觉的劳动和异化劳动之前,首先需要了解几个基本概念和《手稿》中的几个疑难点,这样有助于我们比较深刻地理解异化劳动和自由自觉劳动的差异。

在介绍异化劳动第三个表现的时候,马克思首先提到的是"人是类存在物"。那么,我们如何来理解这个概念呢?首先"类"这个字,需要按社会共同体去解释。类指类属、类型,其他事物被类型所规定,被人类规定为从属于某一类型。而人是被人自己所塑造的,自己所认可的类,同时人与人之间相互认可为一类,人的这种自我肯定(包括对其他人的肯定最后直至对人类整体的肯定)使人以社会联合的方式改造世界,把世界变成人这一类的所属物,这种人类的相互连通并无限扩展的

---

① 张金鹏:《异化劳动理论与古典经济学关系辨析》,《江苏科技大学学报(社会科学版)》2012年第2期。

普遍性就是类存在。"存在"这个词,需要按照公共善观念在个体身上的实现去解释。任何社会共同体都是为了某种善才建立的。因此,只有在共同生活中体现出的善才是最高最完全的善,所以人的善本性是社会性的,只有在共同体中他才能达到自我完善,成为一个高尚的人,纯粹的人。它讲的原始意思是,以社会性的共同善作为基础,在群体中生活的人,都出于社会交往的目的对自己的个人生活进行了改造,使之不再是普通的生活,而是一种体现了社会普遍价值观的生活,这就是类生活。在类生活中完成了自我实现的人,就是类存在。那么,人适应社会,就是适应社会共同体所提倡的某种善价值,当这种社会价值内化为自觉自为的行动,人就在主动选择善中重新找到了自己为人的意义,从而与动物区别开来,他能够在认识和改造世界的过程中实现自身所选择的价值。更简短地概括就是:选择决定意义,人对自己价值进行的自由选择决定了他自己作为人存在的全部意义。

马克思哲学的核心思想在于"劳动",他对其他概念的定义都是从劳动出发推理的。马克思指出:"整个所谓世界历史不外是人通过人的劳动而诞生的过程,是自然界对人说来的生成过程。"根据马克思的解释,劳动就是人类在自然物中注入人类的本质属性的过程,而这属性不可能是从自然中带来的自然属性,只能是人类独有的社会性。社会性是人的本质属性。马克思肯定共同体在社会生产过程中发展出来的公共善观念。

马克思在《手稿》中提到:"人不仅在意识中在精神上使自己二重化,而且能动地、现实地使自己二重化,从而在他所创造的世界中直观自身。"我们可以认为马克思在认为人是种超越性的存在,它的超越性在于它具备自我,同时又具备一种自我以外的自我(二重化),这种自我之外的自我主要是指精神的自我,精神的二重自我通过对外界的改造实现了它自己。人的"第二重性"有着改造自然以实现自我的渴望。同时,我们需要进一步理解这个自我以外的自我是社会化的自我,也就是马克思所定义的人的本质。所谓"自我二重化"不仅是指肉体自我和精神自我的二重化,也就是个体在自觉自为的活动中创造出了一个与超越性价值合一的精神自身,这精神自我反过来与本我合为一体,改造主观世界,还指作为社会群体中一员的我和作为个体具有自我意识的我的辩证统一,能动的、现实的二重化主要是指个人与社会的辩证统一。

一、自由自觉的劳动

我们经常会思考一个问题：人究竟怎样活着才舒服呢？众所周知，人类的发展总是处于永远能够满足需求与永远不能被满足需求的矛盾运动之中。满足自身需求是人类活着的目的，而劳动是人类满足自身需求的重要方式之一。那么，如果人类通过不择手段的劳动方式满足了自身需求还会感到舒服吗？如果人类为了满足自身的需要不得不去劳动还会感到舒服吗？因此，问题的关键不仅在于需求是否被满足，而且还在于需求被满足的方式。正如马克思在《手稿》中指出的："人是类存在物，不仅因为人在实践上和理论上都把类——他自身的类以及其他物的类——当作自己的对象；而且因为——这只是同一种事物的另一种说法——人把自身当作现有的、有生命的类来对待，因为人把自身当作普遍的也是自由的存在物来对待。无论是在人那里还是在动物那里，类生活从肉体方面来说就在于人（和动物一样）靠无机界生活，而人和动物相比越有普遍性，人赖以生活的无机界的范围就越广阔。从理论领域来说，植物、动物、石头、空气、光等，一方面作为自然科学的对象，一方面作为艺术的对象,都是人的意识的一部分,是人的精神的无机界,是人必须事先进行加工以便享用和消化的精神食粮;同样从实践领域来说,这些东西也是人的生活和人的活动的一部分。人在肉体上只有靠这些自然产品才能生活,不管这些产品是以食物、燃料、衣着的形式还是以住房等等的形式表现出来。在实践上,人的普遍性正是表现为这样的普遍性,它是整个自然界——首先作为人的直接的生活资料,其次作为人的生命活动的对象(材料)和工具——变成人的无机的身体。"因此,人类在认识和改造自然的劳动中应该有这样一个觉悟:自然界是人的无机身体,是人的精神的无机界,提供给人肉体生活和精神生活;人的活动是有生命的、自由的活动,人有自我实现的需要;人是一切活动的主体,自身的类和其他物的类都是人的对象。

人类只有在意识的自由自觉的劳动中才能体现自己的主体地位和能动价值,只有通过出于自愿的、自觉的劳动,才能活得舒服,才能身心愉悦。因此,劳动不能是强迫的、被动的、勉为其难的劳动,劳动需要考虑作为有生命的、活生生的、有意识的人的主观感受。下面的一则故事可以形象地表达有意识的自由自觉的劳动给我们的生活带来的情调和趣味。

最近,小王开始在家里主动做饭了,老婆好奇地问原因,小王回答:"人到一定时候,就会有一些觉悟。"看着小王做饭,老婆幸福地看着他笑。小王若有所思。对老婆说:"你别笑,我得先声明:第一,我今天主动做饭,不代表我明天一定还做;第二,我如果不喜欢做饭的时候,你别命令或暗示我,那会让我失去做饭的乐趣;第三,无论饭做的好吃与否,请宽容地接纳我的劳动成果,给我慢慢提高手艺的机会。"做饭的时候,小王又产生了许多启发和感悟:第一,做饭不能急,否则,很快就会有疲惫感;第二,如果把做饭当作一种消遣或锻炼,心情会很愉快;第三,能为家人做点事,是一种幸福;第四,看到家人惊喜的目光,内心有成就感;第五,做饭之后,意尤未尽,还会产生干其他家务的冲动。第六,理解了老婆做家务的辛苦;第七,家庭不是可以无限透支的信用卡。多储蓄,少透支,是王道;第八,开始做饭有些累,多做几次就轻松了。

可见,劳动确实能够成为人的需要。人类在自我实现的劳动中可以得到心理的满足，因而才是幸福的。休闲和娱乐，只能给人带来短暂的、偶然的幸福，并不是人所追求的永恒状态。人在没有强制力和目的性的情况下会主动地、自愿地去劳动。在有意识的自由自觉的劳动中，人可以感受到劳动带来的快乐和成就感。劳动的人会在辛勤耕耘当中显示出独特的美丽。一个自觉劳动的人要比一个整天无所事事的人活得更精彩。在自由自觉的劳动中人会获得辛勤付出的充实和快乐。因此，"正是在改造对象世界中，人才真正地证明自己是类存在物。这种生产是人的能动的类生活。通过这种生产，自然界才表现为他的作品和他的现实。"①

有一个故事是这样的：

一个记者想报道一个劳动模范，需要采集照片。可是当记者见到这个劳动模范的时候，一下子傻了眼。原来这个劳动模范是个很年轻却很丑的女孩子，不管怎样拍照，效果都不是很好，这可把记者难住了。一天，记者和这个女孩子一起在向日葵地里干活，太阳照着大地，女孩在葵花丛中忙

---

① 张磊：《试论马克思异化劳动理论及其现实意义》，《复旦大学报》2009年第2期。

碌着。汗水顺着女孩的脸颊流了下来，可是女孩总是笑呵呵的，在葵花的掩映下，劳动中的女孩美丽无比，记者抓拍了这个镜头。回到单位，记者把女孩的照片给报社领导看，大家直夸记者拍得好。

自由自觉的劳动可以慰藉人的心灵。在辛勤的劳作当中，人可以感受到精神的安宁和充实，可以呈现出收获的美丽。只有闪耀人性光芒的、活生生的、体现人的存在价值的劳动才是人真正需要的劳动。正如马克思指出的："生产生活是产生生命的生活。一个种的整体特性、种的类特性就在于生命活动的性质，而自由的有意识的活动就是人的类特性。人是不同于动物的。动物和自己的生命活动是直接同一的。动物不把自己和自己的生命活动区别开来。它就是自己的生命活动。人则使自己的生命活动本身变成自己意志的和自己意识的对象。他具有有意识的生命活动。正因为人是类存在物，他才是有意识的存在物，他自己的生活对于他来说是对象，他的活动是自由的活动。"[1]

---

[1] 韩喜平、庞雅莉、穆艳杰：《马克思主义经典著作精选导读》，吉林大学出版社2007年版，第13—26页。

二、异化劳动

马克思认为人的本质是劳动，人应该在自由的劳动中获取生存资料。但是随着资本主义大工业生产的发展，劳动的目的发生了变化，劳动变成人类维持生存的手段，不再是自由的劳动。当劳动变成为了维持生存而被迫的劳动的时候，异化劳动就形成了。异化劳动把主体活动、自由活动贬低为手段，也就是把人的类生活变成维持人的肉体生存的手段。根据马克思的观点，"异化从人那里夺去了他的生产的对象，也就从人那里夺去了他的类生活，即他的现实的类对象性，把人和动物所具有的优点变成了缺点。因此，人具有的关于自己的类的意识，由于异化而改变，以致类生活对他来说竟成了手段。这样一来，异化劳动导致：人的类本质，无论是自然界，还是人的精神的类能力——变成对人来说是异己的本质，变成维持他的个人生存的手段。异化劳动使人自己的身体，同样使在他之外的自然界，使他的精神本质，他的人的本质同人相异化。"资本主义社会的异化劳动是一种强制性的、非自觉的劳动，是不以人的发展为目的的劳动。在资本主义私有制条件下，工人同自己的劳动产品、同自己的劳动、同自己的类本质相异化，进而导致工人同工人相异化。工人的劳动不但没有使自己的本质力量得到体现，反而使自己的精神和肉体都感到痛苦。工人为了满足自己肉体的需要进行劳动，劳动成果却完全被资本家剥夺。或许，马克思的理论对于我们显得过于高深，让我们以现实生活的事件为例来解释。

"同学，你考试作弊是不对的，罚你扫地一周！"班主任严厉地斥责道。同学垂头丧气，嘀咕道："倒霉！扫就扫，等你不在，哼！我就……""因犯罪，判决如下：劳动改造年，以观后效。"法官威严地宣判。于是他被押解到劳改农场，大家感到高兴，觉得他是罪有应得。

这两个例子表明：劳动往往被我们当作一种惩罚手段，参加劳动的人往往都是出于不情愿的。既然是被迫劳动，劳动当然被看作是倒霉和羞耻的事情。人类的祖先亚当和夏娃偷吃"禁果"，违背上帝的旨意，犯下了"原罪"，这罪过遗传给后世子孙，所以人一生下来，在上帝面前就是一个"罪人"。因此，被罚下天堂，来到人间，必须终身辛劳，才能糊口度日。基督教的教义里，劳动是上帝给予人类的惩罚，人类不劳动就不能生活,劳动是一种苦难,经历这种苦难,才能赎罪,才能平息上帝的怒火。人在世上只有对上帝虔诚,辛勤劳作,才能获得灵魂的救赎。

公元前4世纪,伟大的哲学家亚里士多德就曾经提出:"满足感和有偿工作互不相容"。他认为,"物质需要将人置于奴隶和动物的地位。体力劳动和与商业相关的脑力劳动都会损害人的心理。有机会享受音乐和哲学给予的高层次愉悦和快乐的是那些拥有不需劳动的收入和闲暇的生活的人。"

亚里士多德为什么要说"收入"呢?收入二字并不多余,收入说明做这个工作的人有物质需要,为了这个需要,他被迫从事这个工作,不管他喜不喜欢,可能都要像一个奴隶一样不得不去工作,才能获得收入。如果劳动者没有选择,还必须辛苦工作,这样还会有什么满足感和愉悦感吗?举例说明,打篮球是很多男孩子的爱好,这不是工作,不是劳动,是娱乐。但是,如果一个男孩子需要靠打篮球谋生,这是他的职业,他必须每天拼命训练,身心疲惫,满身伤痛,还担心表现不好而被踢出球队,丢了工作。这样的话,他还会热爱打篮球吗?恐怕就不会了吧。可是没办法,他需要依靠打篮球来挣钱生存，看看我们周围的人，其实都一样，人要生存，就要工作。不过还有很多比较幸运的人，因为他们的爱好恰好就是他们从事的职业，他们可以有生活的物质保障，还可以快乐地工作，并对取得的成绩有满足感。可惜，这样的人实在不多，或者说少得可怜，这是事实。那么，没有报酬的工作会带给人愉悦感和满足感吗？现代社会，没有报酬的工作往往被视为毫无意义，只有傻瓜才会去做。还以打篮球为例，老师家长看到孩子在打篮球，往往会说："天天打篮球有什么用，你能成为姚明吗？浪费时间！还不如多背背英语，做几道数学题！"瞧，这潜台词是："如果你确保自己能成为姚明，你就打吧，将来生活不用愁，前途似锦。如果你一定成不了，还是做一些对将来就业有用的事吧！"

以上事例表明：马克思所揭示的这种资本主义异化劳动的现实，在我们当前的社会中还潜在的存在，还没有被完全克服。人们逃避劳动、厌恶劳动的现象还时常发生。同时，我们也要知道，在马克思生活的年代异化劳动现象要比我们生活的社会残酷得多、恶劣得多。在《手稿》中，马克思曾深刻地概述了资本主义异化劳动的事实，指出："工人生产的财富越

异化劳动的扬弃

多,他的产品的数量和力量越大,他就越贫穷。工人创造的商品越多,他就越变成廉价的商品。物的世界的增值同人的世界的贬值成正比。劳动生产的不仅是商品,它生产作为商品的劳动自身和工人,而且是按它一般生产商品的比例生产的……异化劳动不是使工人感到幸福,而是感到不幸;不是自由地发挥自己的体力和智力,而是使自己的肉体受折磨、精神遭摧残;工人的劳动不是自愿的,而是被迫的、强制的;劳动不是生活的需要,而是满足劳动需要以外的需要的一种手段。只要外在的强制一停止,人们就会像逃避鼠疫一样逃避劳动。"

在资本主义私有制的前提下,劳动者制造了大量的社会产品,而劳动者本身却沦为赤贫的阶级,劳动者创造了美轮美奂的艺术品,而劳动者却因为残酷的劳动而丑陋不堪,劳动者创造了强大的社会而劳动者却感到空前的虚弱和无能。劳动者降低为商品,而且降低为最贱的商品。劳动者的贫困和他的产品的力量和数量成反比,竞争的必然结果是资本在少数人手中积累起来,也就是垄断的更惊人的恢复。最后,资本家和地租所有者之间、农民和工人之间的区别消失了,而整个社会必然分为两个阶级,即有产者阶级和没有财产的工人阶级。

劳动本身是人之为人最本质的东西，是人的脑力劳动和体力劳动的体现，在劳动过程当中，人的实践能力被显现出来，人应该感觉到幸福和自由。但是在资本主义制度下，人在劳动中是被钳制和受折磨的，没有感觉到自身是幸福和自由的存在。受费尔巴哈的影响，马克思承认人具有类本质，这种类本质就是有意识的自由自在的劳动。自由自在的劳动是人区别于一切其他物的根本标志，也是人之为人的根本原因，是人类生活的目的。但是在资本主义私有制的社会中，这种人的类本质却沦为人谋生的手段，人的类本质就是为了成为人的肉体能够存在下去，这就是马克思所说的人的类本质的异化。人的劳动本身的异化，人的类本质的异化，造成的最终结果就是人和人的相异。在资本主义生产条件下，劳动者在由物链接的世界之外，也存在劳动者和劳动者之间的关系。因此，只要资本主义的物质生产在继续，那么劳动者和劳动者的关系也会继续存在。这种存在下去的劳动者和劳动者的关系就是劳动者和劳动者的压迫与剥削，是一种异化的人际关系。

马克思在《经济学手稿（1857—1858年）》中提出了社会三形态理论，即第一阶段是人的依赖性社会，第二阶段是以物的依赖性为基础的人的独立性社会，第三阶段是人的自由解放和全面发展的社会。我们所处的时代处于马克思社会三形态理论的第二个阶段，即以物的依赖性为基础的人的独立性社会。在这个阶段人还没有完全摆脱对物的依赖，因此，在生活中异化现象难以避免，我们应该客观对待生活的残酷，以良好的心态面对自己的工作，尽量让自己的兴趣与自己的工作结合起来，让自己在工作中满足自我实现的快乐。

第三节 异化劳动的表现

一、异化劳动的四个表现

（一）劳动者同自己劳动产品的异化

《手稿》原文提到，工人生产的财富越多，他的产品力量和数量越大，他就越贫穷。工人创造的产品越多，他就变成廉价的商品。物的世界的增值同人的世界的贬值成正比。劳动不仅生产商品，它还生产作为商品的劳动自身和工人，而且是按它一般生产商品的比例生产的。

这一事实不过表明：劳动所生产的对象，及劳动的产品，作为一种异己的存在物，作为不依赖于生产者的力量，同劳动相对立。劳动的产品就是固定在某个对象中，物化为对象的劳动，这就是劳动的对象化。劳动的现实化就是劳动的对象化。在被国民经济学作为前提的那种状态下，劳动的这种现实化为工人的非现实化，对象化表现为对象的丧失和被对象奴役，占有表现为异化，外化。

劳动的现实化竟如此表现为非现实化，以致工人非现实化到饿死的地步。对象化竟如此表现为对象的丧失，以致工人被剥夺了最必要的对象——不仅是生活的必要对象，而且是劳动的必要对象。甚至连劳动本身也成为工人只有靠最紧张的努力和极不规则的间歇才能加以占有的对象。对象的占有竟如此表现为异化，以致工人生产的对象越多，他能够占有的对象就越少，而且越受他的产品即资本的统治。

这一切后果包含在这样一个规定中：工人同自己的劳动产品的关系就是同一个异己的对象关系。因为根据这个前提，很明显，工人在劳动中耗费的力量越多，他亲手创造出来反对自身的，异己的对象世界的力量就越大，他本身，他的内部世界就越贫乏，归他所有的东西就越少。宗教方面的情况也是如此。人奉献给上帝的越多，他留给自己的就越少。工人把自己的生命投入对象，但现在这个生命已不再属于他而属于对象了。因此，这个活动越多，工人就越丧失对象。凡是成为他的劳动产品的东西，就不再是他本身的东西。因此，这个产品越多，他本身的东西就越少。工人在他的产品中的外化，不仅意味着他的劳动成为对象，成为外部的存在，而且意味着他的劳动作为一种异己的东西不依赖他而在他之外存在，并成为同他对立的独立力量；意味着他给予对象的生命作为敌对的和异己的东西同他相对立。

现在让我们来更详细地考察一下对象化，即工人的生产，以及对象中的异化、丧失。

没有自然界，没有感性的外部世界，工人就什么也不能创造。它是工人用来实现自己的劳动，在其中展开劳动活动，由其中生产出和借以生产出自己的产品的材料。

但是，自然界一方面这样在意义上给劳动提供生活数据，即没有劳动加工的对象，劳动就不能存在，另一方面，自然界也在更狭隘的意义上提供生活数据，即提供工人本身的肉体生存所需的数据。

因此，工人越是通过自己的劳动占有外部世界，感性自然界，他就越是在两个方面失去生活资料：第一，感性的外部世界越来越不成为属于他的劳动的对象，不成为他的劳动的生活资料；第二，这个外部世界越来越不给他提供直接意义的生活数据，即劳动者的肉体生存所需的资料。

因此，工人在这两方面成为自己的对象的奴隶：首先，他得到劳动的对象，也就是得到工作；其次，他得到生存数据。因而，他首先是作为工人，其次作为肉体的主体，才能够生存。这种奴隶状态的顶点就是：他只有作为工人才能维持作为肉体的主体的生存，并且只有作为肉体的主体才能是工人。

按照国民经济学的规律，工人在他的对象中的异化表现在：工人生产得越多，他能够消费的越少；他创造价值越多，他自己越没有价值，越低贱；工人的产品越完美，工人自己越畸形；工人创造的对象越文明，工人自己越野蛮；劳动越有力量，工人越无力；劳动越机巧，工人越愚钝，越成为自然界的奴隶。

异化劳动的扬弃

国民经济学以不考察工人（即劳动）同产品的直接关系来掩盖劳动本质的异化。当然，劳动为富人生产了奇迹般的东西，但是为工人生产了赤贫。劳动创造了宫殿，但是给工人创造了贫民窟。劳动创造了美，但是使工人变成畸形。劳动用机器代替了手工劳动，但是使一部分人回到野蛮的劳动，并使一部分工人变成机器。劳动生产了智能，但是给工人生产了愚钝和痴呆。

劳动同它的产品的直接关系，是工人同他的生产对象的关系。有产者同生产对象和生产本身的关系，不过是前一种关系的结果的证实。对问题的这另一个方面我们将在后面加以考察。

因此，当我们问劳动的本质关系是什么的时候，我们问的是工人同生产的关系。

我们可以这样理解马克思异化劳动的第一个表现：资本主义社会中存在着这样一个基本的情况，劳动者生产的社会财富越多，他的产品的力量和数量越大，劳动者就会越贫穷。劳动者创造出来的商品越多，劳动者自身就会变为越廉价的商品。马克思发现，物质世界的增值正好与人的世界的贬值成正比。劳动生产的不仅是商品，还生产作为商品的劳动自身和劳动者。这种现象是与人的自由自觉的活动相反的。

在资本主义制度下，劳动产品变成一种异己的存在物，变成一种不依赖于生产者的力量，同劳动者相对立起来。因此，马克思得出结论：劳动者与自己的劳动产品的关系就是如同与一个异己的对象的关系，劳动者生产出劳动产品，劳动产品却与劳动者对立起来，劳动者被自己生产的劳动产品所奴役。

在资本主义条件下，劳动的实现表现为劳动者失去了现实性，对象化表现为被对象所奴役。劳动的现实化表现为劳动的非现实化。

资本主义社会劳动者为了生存要挤在阴暗、狭窄的车间里艰苦劳动15个小时以上。劳动者居住在阴冷的地窖里，同污秽、阴冷、疾病作斗争。很多劳动者因为恶劣的环境和疾病的灾害导致死亡。劳动的实现就是劳动的对象化。对象化表现为对象的丧失。劳动本身成为工人需要靠紧张的努力和极不规律的间歇才能占有的对象。劳动者对对象的占有被异化，劳动者生产的越多，他能够占有的对象就越少，越受到资本的统治。

自然界对于劳动者来说是生活的必要对象。自然界不给劳动者提供生活资料，劳动就不能存在。自然界同时也提供给劳动者生活所必须的资料。劳动者越是通过自己的劳动占有自然界，自然界越不成为属于他的劳动对象，不成为他的劳动的生活资料，自然界越是不能提供给他生活资料。劳动者成为工作和生活资料的奴隶。劳动者只有出卖自己的劳动，并成为肉体的主体才能够生存下去。

马克思揭露："劳动为富人生产了奇迹般的东西，但是为工人生产了赤贫。劳动创造了宫殿，但是给工人创造了贫民窟。劳动创造了美，但是使工人变成了畸形。劳动用机器代替了手工劳动，但是使一部分工人回到野蛮的劳动，并使另一部分工人变成机器。劳动生产了智慧，但是给工人生产了愚钝和痴呆。"正如马克思所言，劳动者在他的对象中的异化主要表现在："劳动者生产的越多，他能够消费的越少；他创造价值越多，他自己越没有价值、越低贱；劳动者的产品越完美，劳动者自己越畸形；劳动者创造的劳动对象越文明，工人自己越野蛮；劳动越有力量，工人越无力，劳动越机巧，工人越愚钝，越成为自然界的奴隶。"①劳动者同自己劳动产品的异己关系也就是劳动者同劳动对象这个异己的力量的关系。劳动不是劳动者自己的，而是资本家的，劳动不属于劳动者，劳动者在劳动中也不属于他自己，而是属于资本家。

（二）劳动者同自己的劳动相异化

《手稿》原文："异化不仅表现在结果上，而且表现在生产行为中，表现在生产活动本身中。"如果工人不是在生产行为本身中使自身异化，那么工人怎么会同自己活动的产品像同某种异己的东西那样相对立呢？产品不过是活动，生产的总结。因此，如果劳动的产品是外化，那么生产本身就必然是能动的外化，或活动的外化，外化的活动。在劳动对象中的异化不过总结了劳动本身的异化，外化。

那么，劳动的外化表现在什么地方呢？

首先，劳动对工人来说是外在的东西，也就是说，不属于他的本质的东西，因此，他在自己的劳动中不是肯定自己，而是否定自己，不是感到幸福，而是感到不幸，不是自由地发挥

---

① 马克思：《1844年经济学哲学手稿》，人民出版社2000年版，第15—72页。

自己的体力和智力，而是使自己的肉体受折磨，精神遭摧残。因此，工人只有在劳动之外才感到自在，而在劳动中则感到不自在，他在不劳动时觉得舒畅，而在劳动时就觉得不舒畅。因此，他的劳动不是自愿的劳动，而是被迫的强制劳动。因而，它不是满足劳动需要，而只是满足劳动需要以外的一种手段。劳动的异化性质明显地表现在，只要肉体的强制或其他强制一停止，人们就会像逃避鼠疫那样逃避劳动。外在的劳动，人在其中使自己外化的劳动，是一种自我牺牲，自我折磨的劳动。最后，对工人说来，劳动的外在性质，就表现在这种劳动不是他自己的，而是别人的；劳动不属于他，他在劳动中也不属于他自己，而是属于别人。在宗教中，人的幻想，人的头脑和人的心灵的自主活动对个人发生作用是不取决于他个人，也就是说，是作为某种异己的活动，神灵的或魔鬼的活动的，同样，工人的活动也不是他的自主活动。他的活动属于别人，这种活动是他自身的丧失。

结果，人（工人）只有在运用自己的动物机能——吃、喝、性行为，至多还有居住，修饰等等的时候，才觉得自己是自由活动，而在运用人的机能时，却觉得自己不过是动物。动物的东西成为人的东西，而人的东西成为动物的东西。

吃、喝、性行为等，固然也是真正的人的机能。但是，如果使这些机能脱离了人的其他活动，并使它们成为最后的和唯一的终极目的，那么，在这种抽象中，它们就是动物的机能。

我们从两个方面考察了实践的人的活动即劳动的异化行为。第一，工人同劳动产品这个异己的，统治着他的对象的关系。这种关系同时也是工人同感性的外部世界，同自然对象这个异己的与他敌对的世界的关系。第二，在劳动过程中劳动同生产行为的关系。这种关系是工人同他自己的活动——一种异己的，不属于他的活动的——关系。在这里，活动就是受动；力量就是虚弱；生殖就是去势；工人自己的体力和智力，他个人的生命（因为，生命如果不是活动，又是什么呢？）就是不依赖于他，不属于他，转过来反对他自身的活动。这就是自我异化，而上面所谈的是物的异化。

我们可以这样理解马克思异化劳动的第二个表现：异化不仅表现在劳动结果上，而且表现在生产活动本身中。劳动产品只不过是生产活动的总结。正如马克思所指出的："异化不仅表现在结果上，而且表现在生产行为中，表现在生产活动本

异化劳动的扬弃

身中。如果工人不是在生产行为本身中使自身异化，那么工人怎么会同自己活动的产品象同某种异己的东西那样对立呢？产品不过是活动、生产的总结。因此，如果劳动的产品是外化，那么生产本身就必然是能动的外化，或活动的外化，外化的活动。在劳动对象的异化中不过总结了劳动活动本身的异化、外化。"因此，我们可以看出，劳动活动本身的异化问题是劳动者同劳动产品异化的根源。劳动对于劳动者来说是为了满足肉体的需要不得不进行的活动，是劳动者被迫的强制性行为，是完全不属于劳动者的异己的行为。在异化中人的生存状态还不及动物。

从劳动的过程来看，劳动对于劳动者来说始终是强制的、不自愿的行为。劳动者在自己的劳动中不是肯定自己，不是感到幸福，不是自由的发挥自己的体力和智力，而是否定自己，感到不幸，使自己的肉体被摧残、精神受折磨。劳动者在劳动中感到不自在。劳动对于劳动者而言只是满足需要以外的需要的一种手段。只要人的肉体需要被满足，只要人不再被强制，人们就会逃避劳动。这种使人在其中使自己外化的劳动，是一种自我折磨的劳动。从劳动的本质来看，对于劳动者而言，劳动的外在性质是指这种劳动不是他自己的，而是别人的。劳动不属于他，他在劳动中也不属于自己。在劳动过程中劳动同生产行为的关系是工人同自己的活动的关系。劳动者的生命是不属于自身的，转过来反对他自身的活动。由此可知，劳动者同劳动产品的异化是物的异化。异化劳动对劳动者的摧残是如此严重，其实是劳动者的自我异化。从异化的结果看，劳动者只有运用自己的动物机能，才觉得自己是自由活动。劳动者在运用人的机能的时候，会觉得自己不过是个动物。这样动物的东西成为了人的东西，人的东西成为了动物的东西。根据马克思的观点，人的本质就是要劳动，要自由自觉的劳动。而在资本主义社会是不允许人进行自由自觉的劳动。卓别林在《摩登时代》中扮演一个流水线上的安装工人，每天重复同一个装卸动作，以至于他的全部生活就是重复的做这个动作。有力地讽刺了工业时代流水线作业对劳动者的异化，这种劳动把人变成了机器。那些永远被束缚在整体上的个别小部件上的人，本身也变成了部件。劳动分工确实提高了生产效率，但是也加深了对劳动者的奴役。因此，资本主义社会的劳动是违反人的自由自觉活动的异化劳动。

(三) 劳动者同自己的类本质相异化

《手稿》原文:"人是类存在物,不仅因为人在实践上和理论上都把类——自身的类以及其他物的类——当作自己的对象;而且因为……这只是同一件事情的另一种说法——人把自身当作现有的、有生命的类来对待,当作普遍的因而也是自由的存在物来对待。"

无论是在人那里还是在动物那里,类生活从肉体方面说来就在于人(和动物一样)靠无机界生活,而人和动物相比越有普遍性,人赖以生活的无机界就越广阔。从理论领域说来,植物、动物、石头、空气、光等等,一方面作为自然科学的对象,一方面作为艺术的对象,都是人的意识的一部分,是人的精神的无几界,是人必须事先进行加工以便享用和消化的精神食粮;同样,从实践领域说来,这些东西也是人的生活和人的活动的一部分。人在肉体上只有靠这些自然产品才能生活,不管这些产品是以食物、燃料、衣着的形式还是以住房等等的形式表现出来。在实践上,人的普遍性正表现在把整个自然界-首先作为人的直接的生活数据,其次作为人的生命活动的材料、对象和工具——变成人的无机的身体。自然界,就它本身不是人的身体而言，是人的无机的身体。人靠自然界生活。这就是说，自然界是人为了不致死亡而必须与之不断交往的、人的身体。所谓人的肉体生活和精神生活同自然界联系，也就等于说自然界同自身相联系，因为人是自然界的一部分。

异化劳动，由于使自然界，使人本身，使他自己的活动机能，使他的生命活动同人相异化，也就使类同人相异化：它使人把类生活变成维持个人生活的手段。第一，它使类生活和个人相异化；第二，把抽象形式的个人生活变成同样是抽象形式和异化形式的类生活的目的。

因为，首先，劳动这种生命活动，这种生产生活本身对人来说不过是满足他的需要即肉体即维持肉体生活的需要的手段。而生产生活本身就是类生活。这是产生生命的活动。一个种的全部特性，种的类特性就在于生命活动的性质，而人的类特性恰恰就是自由的有意识的活动。生活本身却仅仅成为生活的手段。

动物和它的生命活动是直接同一的。动物不把自己同自己的生命活动区别开来。它就是这种生命活动。人则使自己的生命活动本身变成自己的意志和意识的对象。他的生命活动是有意识的。这不是人与之直接融为一体的那种规定性。有意识的生命活动把人同动物的生命活动直接区别开来。正是由于这一点，人才是类存在物。或者说，正因为人是类存在物，他才是有意识的存在物，也就是说，他自己的生活对他是对象。仅仅由于这一点，他的活动才是自由的活动。异化劳动把这种关系颠倒过来，以致人正因为是有意识的存在物，才把自己的生命活动，自己的本质变成仅仅维持自己生存的手段。

通过实践创造对象世界，即改造无机界，人证明自己是有意识的类存在物，也就是这样一种存在物，它把类看作自己的本质，或者说把自身看作类存在物。诚然，动物也生产。它也为自己营造巢穴或住所，如蜜蜂、海狸、蚂蚁等。但是动物只生产它自己或它的幼仔所直接需要的东西。动物的生产是片面的，而人的生产是全面的；动物只是在直接的肉体需要的支配下进行生产，而人甚至不受肉体需要的支配也进行生产，并且只有不受这种需要的支配时才进行真正的生产；动物只生产自身，而人再生产整个自然界；动物的产品直接同它的肉体相联系，而人则自由地对待自己的产品；动物只是按造它所属的那个种的尺度和需要来建造，而人却懂得按照任何一个种的尺度来进行生产，并且懂得怎样处处都把内在的尺度运用到对象上去，于是，人也按照美的规律来建造。

因此，正是在改造对象世界中，人才真正地证明自己是类存在物。这种生产是人的能动的类生活。通过这种生产，自然界才表现为他的作品和他的现实。因此，劳动的对象是人的类生活的对象化：人不仅像在意识中那样在精神上使自己二重化，而且能动地、现实地使自己二重化，从而在它所创造的世界直观自身。因此，异化劳动从人那里夺去了他的生产对象，也就从人那里夺去了他的类生活，即他的现实的；类的对象性，把人对动物所具有的优点变成缺点，因为从人那里夺走了他的无机的身体即自然界。

同样，异化劳动把自主活动，自由活动贬低为手段，也就把人的类生活变成维持人的肉体生活的手段。因而，人具有的关于他的类的意识也由于异化而改变，以至于类生活对他来说竟成了手段。

人的类本质——"无论是自然界，还是人的精神的类能力——变成对人来说是异己的本质，变成维持他的个人生存的手段。异化劳动使人自己的身体，同样使他之外的自然界，使他的精神本质，他的人的本质同人相异化。"

我们可以这样理解马克思异化劳动的第三个表现："类本质"一词首先是由费尔巴哈提出来的概念，这也也是人与动物相区别的本质，马克思在《手稿》中指出："生产活动本来是人类的生活。一个种的全部特征、种的类特性就在于生命活人的类本质是自由自觉的，有目的的创造性的活动，即劳动。"人是类存在物。人不仅把自身的类以及其他动物的类当作自己的对象，而且人把自身当作有生命的类来对待，当作自由的存在物来对待。人和动物都是靠自然界来生存的。从理论上来说，自然界不仅是自然科学的对象，而且是意识的对象，是人的精神的无机界。从实践上说，自然界也是人的生活和活动的一部分，人在肉体上需要靠这些自然产品才能生存。自然界是人为了生存必须交往的对象。人在物质生活和精神生活上都与自然界相联系，人是自然界的一部分。

生产生活就是类生活，这是产生生命的生活。人的类特性是自由自觉的活动。人的生命活动和动物的生命活动不同。动物不把自己的生命活动和自己区别开来，人使自己的意识支配自己的生命活动。人把动物和人的生命活动区分开。正是这一点人才是类存在物，人的活动才是自由的活动。动物的生产和人的生产不同。实践说明人是有意识的动物。人把类作为自己的本质，具有改造世界的能力。当然，动物也有生产，但是动物生产的东西是自己和幼仔直接需要的东西。动物的生产是片面的，动物只是在肉体的支配下生产，动物只生产自身，动物的产品直接和肉体联系，动物只是按照自己的需要生产。人的生产却是整个世界，自由对待自己的产品，人也按照美的规律来建造。在改造世界的活动中，人和动物的区别被体现出来。人的生产使自然界成为它的作品。

劳动者同类本质相异化的表现。异化劳动使人和动物相比的优点变成了缺点。异化劳动使人的无机身体丧失。异化劳动使人的生活变成维持生存的手段。异化劳动使人的类本质变成了异己的本质。异化劳动使人自己同人的本质相异化。因此，异化劳动对人的类本质的异化是全面的。从人的肉体到人的精神人全部被异化了。在资本主义私有制下，劳动者辛苦劳动生产的产品不是体现劳动者的本质，而是反过来统治和主宰了劳动者，劳动者失去了他的劳动对象。劳动产品和劳动者走向背离，因而产生了人对他的类本质的异化。作为把人与动物区别开来的意识在这里已经不起任何作用了。总之，人同自己的类本质相异化，即人同自由自觉的活动及其创造的对象世界相异化。

（四）劳动者同劳动者相异化

《手稿》指出："人同自己的劳动产品，自己的生命活动，自己的类本质相异化这一事实所造成的直接结果就是人同人相异化。"当人同自身相对立的时候，他也同他人相对立。凡是适用于人同自己的劳动，自己的劳动产品和自身的关系的东西，也都适用于人同他人，同他人的劳动和劳动对象的关系。总之，人同他的类本质相异化这一命题，说的是一个人同他人相异化，以及他们中的每个人都同人的本质相异化。人的异化，一般地说人同自身的任何关系，只有通过人同其他人的关系才得到实现和表现。因而，在异化劳动的条件下，每个人都按照他本身作为工人所处的那种关系和尺度来观察他人。"

我们可以这样理解马克思异化劳动的第四个表现：劳动者同自己的劳动产品、自己的劳动活动、自己的类本质相异化造成的直接结果是劳动者同劳动者相异化。人和自己的任何关系，只有通过人和其他人的关系才得到实现。"劳动和劳动产品所归属的那个存在物,劳动为之服务和劳动产品供其享受的那个存在物,只能是人本身。如果劳动产品不属于劳动者,并作为一种异己的力量同劳动者相对立,那么,这只能是由于产品属于劳动者以外的另一个人。如果劳动者的活动对他本身来说是一种痛苦,那么,这种活动就必然给另一个人带来享受和欢乐。不是神也不是自然界,只有人本身才能成为统治人的异己力量。因此,通过异化劳动,人不仅生产出他同作为异己的、敌对的力量的生产对象和生产的关系,而且生产出其他人同他的生产和他的产品的关系,以及他同这些人的关系。总之,通过异化的、外化的劳动,劳动者生产出一个跟劳动格格不入的、站在劳动之外的人同这个劳动的关系。劳动者同劳动的关系,生产出资本家同这个劳动的关系。"

二、案例:小说《变形记》

为了更好地理解异化劳动以及切实感受马克思生活的时代异化劳动对人的生活和精神的压抑和摧残,我们以卡夫卡的短篇小说《变形记》为例进行深入分析。

第一次世界大战使许多资本主义国家人民生活痛苦,经济萧条，社会动乱，水深火热之中的人民对资本主义社会失去信心。在这样的大背景下现代主义文学应运而生，卡夫卡的《变形记》是西方现代主义文学的经典作品之一。弗兰茨·卡夫卡与法国作家普鲁斯特、爱尔兰作家乔伊斯并称为西方现代主义文学先驱，后人称他为"异化天才"。卡夫卡是一个具有先知性的人物。他敏感而矛盾的自我内心背负着沉重的恐惧。卡夫卡的作品描绘的大多数都是被欺辱的弱者在令人压抑和绝望的环境中产生了扭曲的心理，让人们看到资本主义社会对人以及人的命运的异化。

这部作品讲述了这样一个故事：

主人公格里高尔·萨姆沙一生都为了工作而奔波。父亲负债累累，母亲生病，妹妹上学。沉重的家庭负担和父亲的债务压得格里高尔·萨姆沙喘不过气来。于是，为了还清父亲的债务他拼命干活，改善家庭生活状况。可以说，他是父母的孝顺儿子，他是妹妹的好哥哥，在公司里他是个好职员。他受到了一家人的爱戴和尊重。他是全家人的顶梁柱，他的工资是全家唯一的经济来源。某个早晨格里高尔·萨姆沙醒来后发现自己变成一只巨大的甲虫。他有大甲虫的生活习性，却保留了人的意识。他依然想着还清父亲欠的债务，实现妹妹的心愿。可是，此时的他却成为了全家的负担。

父亲、母亲和妹妹对他的态度突然间发生了一百八十度的大转弯。专横暴躁的父亲不顾及昔日的父子之情，甚至怀疑儿子会威胁到家里人的生命安全。他恫吓他、用苹果砸他，想让他赶快死掉——慈父之爱在他身上已完全消失了。母亲很可怜儿子遭受的悲惨遭遇，但她不能接受儿子变成大甲虫的事实，也把儿子当作了沉重的负担。妹妹也忍受不了，她痛哭着向父亲诉苦："我们必须设法摆脱他，他必须离开这儿。"并说，这只大甲虫并不是格里高尔，如果是的话，他就应该自己跑掉，不成为家里的负担。她暗示格里高尔自己主动离开，不要成为家庭的负担。她还说："格里高尔总有一天会要了你们俩（指父母亲）的命，格里高尔是在有意迫害大家，想占领整幢寓所。"

但是格里高尔对一家人对他的态度和行为并没有惊诧和愤怒，他默默地死去了。格里高尔死去之后，萨姆沙一家人如释重负，一家三口（父亲、母亲、妹妹）沐浴着三月的春风，一身轻松出外郊游去了。

异化劳动的扬弃

卡夫卡的《变形记》在字里行间透露着人情冷漠和世态炎凉，让我们看到在资本主义社会里人与人之间只有赤裸裸的金钱关系和利害关系。在资本主义社会里，人面对更多物质诱惑和更高的社会地位，已经逐渐地发生了异化。为了自己和家庭的生存，人只是有血有肉的工具。每天的工作都很繁重，人没有自己的生活和思想，更不能成为自己生活的主宰者，人与人之间的关系除了金钱就只剩下了冲突、隔膜、猜忌。资本主义社会下的人是自我中心主义的。人与人之间表面上的亲疏关系是由利益关系牵连着，一旦这种关系被消解，人将表现出自私、残忍、冷漠丑陋的一面。卡夫卡的《变形记》所呈现的所有的不幸都是他对资本主义的异化现象的揭露。在资本主义社会里，人在强大的社会面前显得那么渺小和无助，个性丧失，人格扭曲，完全不能掌握自己的命运和生死。这其实就是社会对人的异化。

通过《变形记》，我们可以看出，资本主义社会恶劣的环境和繁重的劳动是主人公格里高尔一夜变成大甲虫的根本原因。公司老板严密地管理着整个公司和每一个职员，秘书主任时刻监督着每一个职员的工作情况，就连医生也是一味站在老板一边，从不会考虑到职工的感受。格里高尔显然是没有任何自由，被公司强行地驱使着，更谈不上自主和个性。他也曾试图摆脱公司的束缚，但是家庭的债务和一家人的生存又使他不得不服从老板的管理，他成了一个给公司卖命的"奴隶"。格里高尔的心里也会时常诅咒老板能从高高的办公桌上摔下来，但是表面上却还不得不毕恭毕敬、惟命是从。格里高尔工作的环境是这样的具体，但也是更加抽象、普遍地展现了资本主义社会职工的工作环境和工作状态。在这种社会环境中，资本主义制度下的人们和小说中的主人公一样，在社会的压迫下为了生存逐渐变得麻木、机械、萎缩，逐渐变成了劳动的工具。这深刻地反映了人与人之间、人与社会之间一种非人的"异化"关系。

虽然资本主义社会积累了大量的社会物质财富，但是异化现象却日益在现实层面凸显出来。资本主义社会的生存环境必然会摧残人的人性。正因为在这样的生存环境里，一个没有赚钱能力和工作能力的人就与一只大甲虫没有什么差别。在这样的社会环境里，人总是不能按照自己的本真的善良和纯真去生活，人性和良心是被扭曲的。在忙碌生活的压迫下，无形之中

异化劳动的扬弃

你会发现你早已不是原来的自己,或许这个过程很缓慢,在点点滴滴之中,让你完全不能感觉出来。直到某一天一觉醒来发现自己成了一只丑陋的"大甲虫"。

小说里的格里高尔,在生活的沉重压力之下,从来没有去想过属于他自己的幸福生活和自我价值的实现。格里高尔是善良的,即使身体已经变成了一只大甲虫,但心里还是始终牵挂着自己的家人和工作。他还没有忘记自己在这个社会所扮演的角色,却没有意识到自己有权选择自己的生活方式,没有意识到自己是一个独立和自由的个体。

当格里高尔失去工作和赚钱的能力时,他对他的家庭已经毫无用处。父亲、母亲和妹妹对他的态度从惊慌同情,到憎恶,到最后想要彻底的摆脱,这个显著的变化过程明显就是利益在起决定作用。在这样的社会环境里,人们心里都用功利的标准来决定自己对待他人的态度。对自己有利的就去巴结和趋炎附势,对自己有害的就去冷落和踩躏。在处理与他人关系的时候,友善或冷漠是根据他们的利益需要来决定的。

我们已经生活在物质文明和精神文明高度发达的现代社会,这种标准又何尝不是一种与人交往的潜规则呢?有多少人因为嫌弃自己年迈的父母不能再劳动，不能为自己提供帮助而不愿意抚养他们，甚至不愿意给他们任何食物？又有多少人因为父母生病住院的医疗费用而撕破脸皮，从此不再友善，甚至成为陌路人呢？随着世界人口不断的增加，自然资源显得越来越稀缺，人们的社会压力也日益增强。以我们中国为例，在现今社会的高压下，现在的年轻人想要依靠自己的能力和学识买一套市中心的住房谈何容易？因此，很多人早早地当上了房奴。新一代的青年学生面对这样快节奏的生活，处于一种对未来的命运不可知的恐惧状态之中，不得不去多学几门技术，恨不得自己是个全才。因为只有这样，才能在人才竞争当中胜人一筹、脱颖而出。年轻的一代只有不断地给自己施加压力，不断奋进，才会减少自己内心的恐惧感。

　　《变形记》是特殊时代的特殊产物，但对于我们现代人的生活也有重要的启示意义。小说里描述的梦魇般的生活情景向读者传达的孤独、压抑、负疚及恐惧的情绪似乎在无意识中把读者引入了宿命的深渊。它让我们感受到的是一种对于资本主义社会人类生存状态的怀疑、无奈乃至绝望。"然而《变形记》传达给我们的不仅仅是那个特殊时代的一个生命个体的苦痛。在中国当代社会背景下,它在唤醒我们对自身主体意识关注的同时,还告诫我们更应该反省自身,在质疑世界、质疑生活的同时学会反思自身。我们需要悲天悯人的情怀,更需要自我反思的胸怀。它是引导我们对苦痛进行思索的先知,而非一柄孤独与恐惧的放大镜。"[1]

中国进入现代化快速发展的时代,尤其是改革开放以来,随着市场经济的深入、经济全球化和科技的发展,在物质的层面,人们的生活水平有了很大改善,生活节奏日益加快,社会压力也日益增强。与此同时,在人们的精神层面,生活压力使人们精神紧张,心理压力和精神苦闷也越来越影响人们的生活。现代人处于内心的封闭与隔膜的状态。现代化的社会下呈现的人际关系的冷漠与利益化、信任感的缺失使人与人的相处丧失了安全感,衡量事物的标准功利化。人们开始用怀疑和恐惧的视角看待现实生活和社会问题。我们不能沉浸在《变形记》的悲伤氛围之中,应该在认真阅读的同时学会反思其中对于人的主体意识的追求,让孱弱的个体学会在精神世界强大起

---

[1] 刘静:《探寻卡夫卡小说的社会意义——对〈变形记〉指引"苦痛"的思考》,《河北经贸大学学报(综合版)》,2011年第2期。

来。我们在沉浸和思考的同时更要学会用行动去改变令人不满的生存状态和生活方式，这才是《变形记》对于当代中国人的社会意义。

第四节　异化劳动产生的原因

通过对异化劳动的性质、产生的根源以及异化劳动的四个表现的详细分析，我们可以得出结论：异化劳动的根源是生产资料私有制为基础的资本主义制度导致的劳动与资本的分离。

一、资本主义私有制

资本主义私有制，是指在资本主义社会里，资本家占有工厂、矿山、机器设备、土地等一切生产资料，资产阶级是资本主义社会的剥削者和财富拥有者，是整个社会的统治阶级。生产资料绝大部分掌握在少数资本家手里，而工人阶级没有生产资料，他们只是拥有人身自由，摆在他们面前的生路只有一条：靠出卖劳动力为生。资产阶级就是凭借占有生产资料来对工人进行剥削的，生产资料的资本主义私有制是资本主义剥削的基础。在资本主义社会,工人受雇于资本家,为资本家劳动。工人劳动一天,资本家给一天的工资,从表面上看,好像是一种"平等交易"。事实上,资产阶级在生存本质上依靠的是对工人劳动的剥削,工人阶级被迫为资产阶级提供无偿劳动。在资本主义社会,资本家开设工厂的目的就是为了赚钱,如果无利可图,他们是绝对不会干的。资本家通过订立契约雇用工人,购买的并不是工人的人身,而是以工资的形式购买了工人的劳动力。这时,劳动力的所有权就发生了变化。工人出售了自己的劳动力给资本家,失去了支配自身劳动力的权力。工人的劳动力已经完全受资本家支配,他必须在资本家的支配下进行生产劳动,为资本家创造出更多的财富来。除去工资,由工人劳动创造而被资本家无偿占有的那一部分价值,叫做剩余价值。资本家就是以"契约自由"的名义,在"公平交易"的招牌掩盖下靠无偿占有工人创造的剩余价值而发财致富的。在现代资本主义国家,资本家则主要靠采用新技术以提高劳动生产率的办法来加强剥削。随着科技的进步,资本家对工人的剥削非但没有减轻,反而越来越重。同时这也说明:只要资本主义私有制存在,资本家对工人的剥削就不会消除,异化劳动就不可避免。工人摆脱被异化、受剥削命运的唯一途径就是消灭资本主义私有制。

资本主义私有制的存在是造成异化劳动的根源。在资本主义私有制的背景下，现实的劳动总是表现为异化劳动。在这样的制度下，人会和自己的本质疏离，成为异化的人；人和人之间的关系成为赤裸裸的利益关系，成为异化的关系。资本主义私有制导致了生产的异化，贫富差距带来社会价值的异化。生活在资本主义私有制下的社会，人作为社会的存在物而存在，必然受到恶劣的影响。人类的存在与自由一开始就是密不可分的。从原始社会的纯粹被动适应到变为工业社会主动的适应，进行生产和发明工具，这是人类区别于一般动物的重要转变。然而，资本主义私有制下生产的异化慢慢地磨灭和改变了这种由原始人形成的人的类本质。人的大多数劳动不再是主动的、自愿的、积极的劳动，更多的是被压榨下、被动接受的劳动。劳动成为了被奴役的异化劳动。正如马克思在《手稿》中所表述："每个人都千方百计在别人身上唤起某种新的需要，以便迫使他做出新的牺牲，使他处于一种新的依赖地位，诱使他追求新的享受方式，从而陷入经济上的破产。每个人都力图创造出一种支配他人的、异己的本质力量，以便从这里面找到他自己的利己需要的满足。因此，随着对象的数量的增长，奴役人的异己存在物也在扩展，而每一个新产品都是产生相互欺骗和相互掠夺的新的潜在力量。"需要的异化让人被物质所奴役。人类创造了丰富的物质，反过来却被束缚在了物质里。资本主义私有制所带来的整个社会的贫富不均，让人们为了有限的资源而展开竞争，造成人与人之间的排挤。人与人之间的关系开始衍化为赤裸裸的利益关系和残酷的竞争关系。人们的价值观在异化劳动的作用下偏颇。"一些人更优越"的错误信念在人们心中扎根，经济和政治上的压迫使得一个人在文化上也处于劣势，人们的评判系统将更加趋于物质化、利益化。物质领域的异化导致了精神领域的异化。人在此环境中感受到无限的孤独。资本主义私有制就像一棵毒蘑菇，看起来鲜艳无比，吃下去却会致命。

二、劳动与资本的分离

劳动可分为脑力劳动和体力劳动两大类，是人维持自我生存和自我发展的唯一手段。资本是能够带来剩余价值的价值。

货币是资本的最初表现形式和一般表现形式，但货币并不就是资本，从静止状态看，无法判断货币是不是资本；从运动的过程看，即从货币流通与资本流通来看，才可以判断两者的区别。资本可以是物，可以是货币，可以是有形的，也可以是无形的，但必须有价值；资本是能够带来价值增殖的价值，具有增殖的能力是资本最根本的特征；资本是以劳动为增值源泉，在运行中不断增殖的价值。资本的本质必须从自然属性和社会属性两个方面来理解：从自然属性看，资本是通过在连续不断的运动中占有和支配剩余劳动，以取得价值增殖的价值，它属于社会生产经营不可缺少的要素，资本本身不反映社会关系；从社会属性看，资本与一定社会制度及生产资料所有制相联系，就必然反映该社会的本质特征，是一种社会关系的反映，是一种历史的生产关系。资本主义生产关系的实质是以生产资料私有制为基础的雇佣劳动制度。劳动力成为商品，劳动者沦为工人，是资本主义生产关系产生的前提条件。

"劳动与资本不同。工人不幸成为一种活的，因而是贫困的资本，只要一瞬间不劳动便失去自己的利息，从而也失去自己的生存。"作为资本，工人的价值按照需求和供给而增长，

异化劳动的扬弃

而且，从肉体上来说，他的存在，他的生命也同其他任何商品一样，过去和现在都被看成是商品的供给。作为工人，他只具有对他是异己的资本所需要的那些人的特性才能存在。资本一旦不再对工人存在，工人自己对自己说来便不存在。工人只有当他对自己作为资本存在的时候，才作为工人存在；而他只有当某种资本对他存在的时候，才作为资本存在。"工人生产资本，资本生产工人，因而工人生产自身，作为商品就是这整个运动的产物。私有财产的关系是劳动、资本以及二者的关系。这种关系的对立使得双方所必定经历的运动是：第一，二者直接或间接的统一。起初，资本和劳动是统一的；后来，它们虽然分离和异化，却作为积极的条件而相互作用。第二，二者的对立。它们相互排斥；互相把对方视为自己的非存在；双方都力图剥夺对方的存在。第三，二者各自同自身对立。资本分解为自身和自己的利息，而利息又分解为利息和利润。"①

劳动与资本的分离是指资本家拥有大量的资本，而大多数的劳动者则除了靠出卖自己的廉价劳动力外一无所有，是资

---

① 旁世伟：《论完整的人》，中央编译出版社2009年第1版，第152—153页。

产阶级利用各种暴力和非暴力的手段，对直接生产者实行暴力掠夺的结果。资本主义生产方式的形成必须具备两个条件：一是少数人握有生产生活资料，能够购买别人的劳动力来从事生产。二是必须使大批劳动者丧失一切劳动资料，使得他们不得不为了生存而出卖自己的劳动力。资产阶级资本原始积累的那段血腥历史是为了形成资本家拥有生产资料和直接参加劳动的自由的生产者。只有剥夺了农民的土地，使得直接生产者与生产资料相分离，才能有大量的雇佣工人。生产者与生产资料被迫分离，无产者只能沦为资产者的雇佣工人，剩余价值的压榨对象。

劳动对于劳动者来说应该是肯定自己、感到幸福、自由发挥自己的体力和智力的活动，在资本主义大工业生产之前，人们自耕自足、安居乐业、淳朴善良；而资本和劳动分离的资本主义生产方式下的劳动对劳动者来说是否定自己、不自由的、不幸的、使自身肉体受折磨、精神受摧残的活动。劳动变成为维持生存的手段，是受强制的，痛苦的过程。"劳动为富人生产了珍品，却为劳动者生产了赤贫。劳动者创造的宫殿，却为劳动者创造了贫民窟。劳动创造了美，却使劳动者成为畸形。劳动用机器代替了手工劳动，同时却把一部分劳动者抛回到野蛮的劳动，而使另一部分劳动者变成机器。劳动者生产了智慧，却注定了劳动者的愚钝、痴呆。"当资本主义利用各种手段迫使劳动和资本分离，劳动变成异化劳动后，从事生产活动的人也就不再是为了自由地发展自身而劳动，人也就失去了自己的类本质。同时，劳动不仅仅是为了满足自然需求而从事的活动，它也是一项精神活动。劳动的自主性和能动性将人区别于动物，可是当人们的这种自主性和能动性发生扭曲和断裂时，劳动就发生异化现象，人的本质也随着劳动的异化而异化。劳动不再作为人自由发展的活动而变成个人维持私利、谋求生存的手段，人也就不再是自由发展的人而异化为自私自利的人。

三、案例：小说《欧也妮·葛朗台》

为了更加深刻地理解资本主义私有制下资本和劳动的分离导致的异化劳动对人造成的伤害，我们以伟大的文豪巴尔扎克的名篇小说《欧也妮·葛朗台》为例来进行深入分析。

古老的索漠县城有一座灰暗、阴森、静寂的老屋，住着远远闻名的大富翁葛朗台先生。1789年，共和政府标卖教会产业时，时年40岁有幸娶到有钱木材商女儿的葛朗台用岳父给他的400路易贿赂了标卖监督官，买下了县里最好的葡萄园、一座修道院和几块分种田。葛朗台靠着他的不断经营和葡萄园的收入变成了地方上的"冒尖户"。加上他得到的三笔遗产，他财产的数目，只有替他放债的公证人克罗旭和银行家格拉桑才略知一二。不过索漠城里的人都相信他有一个堆满黄金的秘库，他半夜里瞧着黄金快乐得不可形容，连他的眼睛都是黄澄澄的，染上了金子的光彩。讲起理财的本领，葛朗台是只老虎，是条巨蟒；他会躺在那里，把俘虏打量个半天再扑上去，张开血盆大口般的钱袋，倒进大堆的金银。尽管葛朗台家财万贯，然而他的开销却很节省。他什么都节约，连动作在内。每顿吃的食物，每天点的蜡烛，他总是亲自定量分发；每年11月初堂屋里才生火，到3月31日就得熄火，不管春寒和秋凉；他给妻子的钱每次不超过6法郎；给女儿陪嫁的压箱钱只有五六百法郎；至于仆人拿侬，一年的工薪只有60法郎，她在葛朗台家辛勤劳作了30年，只是在第20年上，葛朗台才痛下决心赏了她一只旧表，那是她到手的唯一礼物。可怜的拿侬老是赤着脚，穿着破衣衫，睡在过道底下的一个昏暗的小房间里。

从小说里这些描述，我们可以清晰地看到，被金钱冲昏头脑的葛朗台被异化为金钱的奴仆，金钱控制了他的思想。在他的身上完全看不到作为人的思考和真诚。为了积累更多的金钱，葛朗台把全家人及仆人的生活吝啬到不能再吝啬的地步。在资本主义制度下，出于对金钱的贪婪，葛朗台不仅奴役着自己，家人和佣人的身心也均备受残害。

1819年欧也妮23岁生日的那天，克罗旭和格拉桑便争先恐后地来到葛台家，向欧也妮小姐拜寿。葛朗台嘀咕道："他们都看中我的钱，哼！娶我的女儿，休想！我利用这般人替我钓鱼！"也是这一天，葛朗台的侄儿，23岁的查理来到葛朗台的家。查理从巴黎带来了很多东西，并把母亲给他的一套华丽纯金梳妆用具也随身带着。查理的到来，使欧也妮心神不宁。她倾慕查理，尽自己最大可能照顾查理。葛朗台却对侄儿冷若冰霜。他从查理带给他的信中得知，他的弟弟负债累累，走上了绝路。可怜的弟弟在信中一再请求大哥做查理的监护人，慷慨地接济查理，让他到美洲去做生意。果然报纸上登载了巴黎葛朗台弟弟破产自杀的消息。葛朗台却对弟弟的死讯无动于衷，只是热衷于他的生意。欧也妮听说父亲赚了大钱，就央求他救济查理，结果却遭到了父亲的一顿骂："你再想帮他，我就把你送到修道院去。"

这也充分反映了在资本主义的社会关系下，人的内心也被异化了。异化了的心灵充满了勾心斗角、尔虞我诈。葛朗台不仅用金钱关系思考着别人对待他的态度，同时也用金钱衡量着自己如何对待他人。资本主义私有制下，葛朗台为了金钱完全泯灭了亲情，人与人之间冷冰冰的利益关系代替了恩情。追求金钱，满足欲望是葛朗台的全部生活。

为了查理父亲的债务，葛朗台决定由商事裁判所出面，使事情不了了之。银行家格拉桑为巴结葛朗台，欣然速往巴黎办理。欧也妮把自己近6000法郎的金币送给查理。查理在接受这笔财产时感激涕零，把装有母亲肖像的梳妆匣交托给欧也妮保管。此后，查理决定到海外经商，他把金链、金纽扣和戒指都交给伯父去变卖。葛朗台给了他1500法郎的现款。新年，葛朗台要女儿把她的全部金币拿出来，欧也妮只好说金币没有了。葛朗台猜到她已把金币送给了查理，大骂女儿并决定把她关进房里，只给冷水和面包。葛朗台太太竭力向丈夫求饶，也无济

异化劳动的扬弃

于事。经过这番折腾，葛朗台太太病倒了，且病情日渐加重，可葛朗台心硬如铁。葛朗台软禁女儿的事件很快传开，引起了公愤。克罗旭告诉葛朗台，如果太太死了，根据法律，他的财产就要和女儿共有。葛朗台异常震惊，为了财产，他决定向女儿屈服。晚上，葛朗台来到太太房间，正巧碰上母女俩在看查理母亲的肖像，葛朗台一见金匣，就像一只老虎扑向一个睡着的婴儿一样抱住不放。1822年10月，葛朗台太太去世，可就在此时葛朗台便请来克罗旭要欧也妮在财产文契上签字，放弃登记，全部财产归父亲管理，女儿只保留虚有权。欧也妮在文契上签了字，他才放心。1827年，葛朗台日渐衰老，不得不让女儿参与一些管理事务，遇到什么问题就叫她跟克罗旭商量。年终，弥留之际的葛朗台吩咐女儿看住金子："把一切照顾得好好的，到那边来向我交账。"

在金钱的异化关系中，葛朗台是非人的，在他眼里只有金钱，全然没有亲情与爱。这说明，当时的资本主义社会血缘关系也被异化了，掺进物质关系的亲情变成了金钱关系。

葛朗台死后，欧也妮才得知她的巨额家产，但她仍感到十分苦恼。她总是思念着查理。而查理把全部精力用在生意上。

他先在印度发了财，后又贩卖人口，放高利贷，倒卖海盗赃物赚了大钱。起初他还记得欧也妮的情分，但很快就把她忘得一干二净。查理为得到"新贵"头衔，挤进官场，便答应了和巴黎的奥勃里翁小姐联姻。查理给欧也妮寄出一份信件，他将与别人结婚，并随信寄来一张8000法郎的汇票，作为给欧也妮这位债主的回报，同时要欧也妮交还他的梳妆匣。欧也妮仍为查理偿还了400万法郎的债务。查理得知欧也妮如此富有，后悔莫及。

可见，资本主义社会的金钱关系中，男女之间纯粹的爱情也处于异化的状态。被金钱异化的查理失去了当初对于欧也妮的纯真的感情。他根据金钱的多少来衡量着如何处理与欧也妮的爱情。

欧也妮嫁给了克罗旭，但条件是始终保持童贞。欧也妮33岁的时候丈夫就死了，富有寡居的她依旧过着当年那种拮据的生活。可她办了不少公益事业：建了1所养老院、8处教会小学和1座图书馆。

或许，欧也妮是有自己的坚持的，但是在资本主义的社会制度下，金钱不仅左右了葛朗台、查理的人生，也左右了欧也妮的人生。所有生活在金钱异化关系下的人的命运都被这种不合理的社会制度异化了。生活在异化里的人毫无幸福可言，都是异化的牺牲品。

在世界名著《欧也妮·葛朗台》中，作者巴尔扎克以一个西方人的视角为我们解读了当时西方社会中的许多异化现象，而这些为我们看待西方资本主义的发展提供了不少参考。视钱大于命的葛朗台是我们熟悉的人物，在老葛朗台眼中，金钱高于一切，没有钱，就什么都完了。他对金钱的渴望和占有欲几乎达到了病态的程度。在感叹世界为何有这么病态的人的同时，我们也从中领悟到巴尔扎克想为我们描绘的，资产阶级社会的特征：唯利是图，自私自利，人与人之间赤裸裸的金钱关系。这种关系实质上是资本主义私有制下人与人的异化关系。异化在资本主义社会中的基础性的、普遍的表现形式是物化或商品拜物教现象。"严格地说来，物化与商品拜物教这两个概念是有差别的。因为物化本身是中性概念。马克思告诉我们：'关键不在于物化，而在于异化、外化、外在化，在于巨大的物的权力不归工人所有，而归人格化的生产条件即资本所有，这种物的权力把社会劳动本身当作自身的一个要素而置于同自己相对立的地位。'也就是说，马克思所批判的是否定意义上的物化，即同时表现为异化的物化。这种物化的具体的表现方式是物的主体化和人的客体化。人明明是物的创造者，现在却倒过来被巨大的物的权力所支配。其实，这种否定意义上的物化也就是商品拜物教。"在马克思看来，物化的结果是物与物之间的虚幻的关系遮蔽了人与人之间的真实的社会关系。小说《欧也妮·葛朗台》中巴尔扎克刻画的葛朗台形象生动地诠释了资本主义社会异化对人造成的伤害。马克思在《经济学手稿（1857—1858年）》中曾经指出："资本被理解为物，而没有被理解为关系。"马克思哲学启示我们，要以批判的方式认识资本主义社会的本质，不仅停留在抽象的物质上，也不能停留在商品上，还要揭示出隐藏在物后面的社会关系。

第三章　什么是异化劳动的扬弃

既然异化劳动给人类造成了如此多的困惑和伤害，那么，异化劳动如何才能得到扬弃呢？人类的理想生活需要建立在怎样的劳动之上呢？本章主要是通过对扬弃概念的解读，基于对共产主义科学原理的分析，得出异化劳动扬弃的根本途径。

第一节　什么是扬弃

一、扬弃实质上是辩证的否定

辩证的否定，就是否定的否定或否定之否定（并非像语文中讲的双重否定等于更加肯定）。例如，一个事物的发展（以原始社会和共产主义社会为例），他们都以公有制为基础，但他们之间的发展，却是经过了奴隶社会、封建社会、资本主义社会这一系列漫长的私有制的发展过程。即，公有制——私有制——公有制。私有制是公有制的否定结果，公有制又是私有制的否定结果。事物的发展过程呈现"螺旋式"上升发展的趋势，这就是所谓的二次辩证的否定。乍看之下，原始社会和共产主义社会都是公有制，貌似二者一样，其实已经发生了质的飞跃。

扬弃是同时具有肯定和否定双重内涵的辩证概念。扬弃是辩证的否定，是建立在对肯定和否定对立统一的辩证理解的基础上的，它认为辩证否定实质上是通过事物内在矛盾运动而进行的自我否定，即自己否定自己，并用过自身的否定，实现事物的自我运动、自我完善和自我发展。扬弃就是肯定中有否定，否定中也有肯定。扬是指肯定、保留原有事物中积极合理的要素；弃是指否定、克服原有事物中过时的消极的要素。因此，辩证否定既不是简单地肯定一切．也不是简单地否定一切，而是既肯定又否定，既克服又保留，克服的是原有事物中过时的消极的东西，保留的是原有事物中积极合理的东西。扬弃是指事物在发展过程中，保留原来事物中的积极元素，抛弃原来事物中的消极元素，是指新生事物对原来事物既保留又抛弃、既继承又克服的关系。扬弃是事物发展的环节和联系的环节。联系的环节体现了新生事物对原有事物的发扬、保留和继承，这是扬的过程，是事物发展的连续性。发展的环节体现了新生事物对原有事物的抛弃、克服，这是弃的过程，是事物发展中的非连续性。因此，我们对任何事物都要具体问题具体分析，不能简单地肯定一切或否定一切，不能犯片面性和绝对化的错误。

让我们举例来说明。例如，李同学每次上课都迟到，老师批评了他一顿——这是外力的否定，即老师否定了李同学上课迟到这一行为，这也是生活中的"否定"，也是一种消极的意义，我们不喜欢被否定，它往往和失败联系在一起。后来，李同学经过激烈的思想斗争，觉得自己上课总是迟到确实是不对的，下定决心以后再也不迟到——这是对自我的否定，即自己推翻自己，自己抛弃自身中不合理的部分，让自己发展，这种否定则是积极的，是会走向成功的。再如，成语"吐故纳新"，是比喻扬弃旧的、吸收新的、不断更新的意思。吐故才能纳新，在吐故中我们才能得到不断的提高与发展。再如，我们从小学生到中学生再到大学生，从一无所知到知之甚少再到知之较多，从稚嫩到成熟，都是自己在不断地否定自己，不断发展自己的辩证否定。还有，对传统文化应"取其精华，去其糟粕"，批判继承，古为今用。正确处理好继承与发展的关系。面对外来文化要"求同存异，兼收并蓄，面向世界，博采众长，以我为主，为我所用"。对待外来文化，要有选择地吸收，如我们应该加以继承、发扬国外先进的科学技术、管理经验。建设中国特色的社会主义，要大胆吸取人类社会包括资本主义社会所创造的一切文明成果，同时我们也应该加以抵制、批判其腐朽的东西，如资本主义制度、资产阶级生活方式。在对待外国文化的态度上，我们既不犯肯定一切的全盘西化的错误，又要避免否定一切的盲目排外的错误。

扬弃（辨证的否定）不同于形而上学的否定，我们还可以通过表格对比的方式来分析：

辨证的否定	形而上学的否定
自身的否定	外力的否定
事物的联系的发展的环节	联系和发展的中断和停止

| 实质是"扬弃",既肯定又否定,既克服又保留 | 要么肯定一切、要么否定一切 |

总体而言,辩证的否定是科学的否定,形而上学的否定是非科学的否定,二者根本对立,其区别主要表现在以下四个方面:

首先,辩证的否定是指事物的否定是自我否定,即自己否定自己,自己发展自己。因为引起否定的根本原因是事物的内部矛盾,一切事物在它产生之时就已经孕育了否定自己的因素。事物就是通过内部矛盾运动而进行自身否定,从而实现自我发展的,一切外力只是加速或延缓事物自身的否定,不能从根本上决定事物的否定。而形而上学的否定是指否定是外力作用的结果,是外部强加的,否认事物自我的否定。

其次,辩证的否定是指肯定与否定是辩证统一的,二者既相互对立、相互排斥,也相互依存、相互渗透,否定不是纯粹的否定,否定中包含着肯定,一个事物在否定自己不是别个事物的时候,就在从反面肯定自己是这个事物;肯定不是纯粹的肯定,肯定中包含着否定,在对现存事物的肯定的理解中包含对现存事物的否定的理解，即对现存事物必然灭亡的理解。而形而上学的否定，看不到肯定与否定的统一，认为凡是否定的地方就没有肯定，否定是绝对的否定，是否定一切；凡是肯定的地方就没有否定，肯定是绝对的肯定，是肯定一切。

再次，辩证的否定认为，否定是发展的环节，是旧事物向新事物的转变，是旧质向新质的飞跃，是实现新事物产生和促使旧事物灭亡的根本途径；否定还是新旧事物间联系的环节，新事物是在旧事物的"母腹"中生长起来的，体现着新旧事物之间的历史联系。而形而上学的否定，要么看不到新旧事物之间的本质区别，不承认否定是新事物的产生和旧事物的灭亡；要么看不到新旧事物之间的历史联系，把否定理解为对旧事物的"一笔勾销"。

最后，辩证的否定认为，否定的实质是扬弃，是对旧事物的既克服又保留。克服是抛弃旧事物中过时消极的东西，是对旧事物质的根本否定，在新旧事物间划出了一条确定的界限；保留是继承旧事物中的积极合理的东西，是新旧事物间存在着的必然联系。形而上学的否定，要么主张继承一切，全盘吸收，反对革命与创新；要么主张抛弃一切，一切从零开始，在空无所有的废墟上创造所谓的新事物，其后果都只能导致事物的衰落。

二、扬弃是辩证法的根本特征

为了更好地理解什么是扬弃，我们需要了解什么是辩证法。黑格尔是理解辩证法的关键。现代辩证法的诞生得益于黑格尔对辩证法的发展。黑格尔是现代辩证法的奠基者。黑格尔把辩证法理解为最高的思维方式。但是在黑格尔哲学中，辩证法又是同泛逻辑主义（把整个哲学等同于认识论）和唯心主义纠缠在一起的。这样，辩证法作为思维方式的原本意义就被掩盖了。因此，在我们眼里的辩证法也变得神秘难解了。马克思最初接触到辩证法是从黑格尔那里，马克思曾经属于青年黑格尔派。正是黑格尔的辩证法引领他走出主观唯心主义的死胡同。虽然辩证法是马克思在不同的历史时期多次倡导和赞颂的，但他并没有在著作中对辩证法作出明确的解释。马克思在著作《资本论》第一卷第二版的"跋"中有一些关于辩证法的观点。在这篇文章的结尾，马克思极为概括地讲述了辩证法。他说："我的辩证方法，从根本上来说，不仅和黑格尔的辨证方法不同，而且和它截然相反。在黑格尔看来，思维过程，即甚至被他在观念这一名称下转化为独立主体的思维过程，是现实事物的创造主，而现实事物只是思维过程的外部表现。我的看法则相反，观念的东西不外是移入人的头脑并在人的头脑中改造过的物质的东西而已……辩证法在黑格尔手中神秘化了，但这决没有妨碍他第一个全面地有意识地叙述了辩证法的一般运动形式。在他那里，辩证法是倒立着的。必须把它倒过来，以便发现神秘外壳中的合理内核……辩证法，在其合理内核上，引起资产阶级及其空论主义的代言人的恼怒和恐怖，因为辩证法在对现存事物的肯定的理解中同时包含对现存事物的否定的理解，即对现存事物的必然灭亡的理解；辩证法对每一种既成的形式都是从不断的运动中，因而也是从它的暂时性方面去理解；辩证法不崇拜任何东西，按其本质来说，它是批判的和革命的。"[1]

---

[1] 旁世伟：《论完整的人》，中央编译出版社2009年版，第152—153页。

异化劳动的扬弃

马克思研究辩证法是为了批判不公正不合理的社会制度，建立自由平等的共产主义社会，实现人类整体的幸福。对于当代人而言，懂得辩证法于日常生活和个人成长是大有裨益的。日常生活中辩证法无处不在，事情都具有两面性。因此，对什么事情，都要一分为二地看待和分析。任何事物都有矛盾着的两个方面，有好的方面，也有坏的方面。我们始终要以积极、宽容、乐观的态度对待人，对待事，对待人生。下面我们以寓言和事件为例来分析。

靠近边塞有一户人家，主人精通占卜，他家的马无缘无故地跑到了胡人的地方。人们来安慰他，主人说："怎么见得这不是福分呢？"几个月后，这匹马回来了，还带来胡人的骏马。人们来祝贺他，主人说："怎么见得这不是灾祸呢？"家里来了胡人的好马，儿子喜欢骑马，结果摔下来跌断了大腿。人们又来安慰他，主人说："怎么见得这不是福分呢？"一年后，胡人大举入侵边关，青壮年都拿起武器与敌人作战，靠近边塞的人，十之八九都战死了，唯独这家的儿子因为腿脚不方便，没有上战场。所以，福变为祸，祸变为福，其中的变化无穷无尽，其中的奥妙深不可测。

这则寓言告诉我们，祸可以带来福，福也可以带来祸。马丢了是祸，可是马又跑回来了，还带来别的马，这是福，祸带来了福；主人的儿子很喜欢骑马，想试试新来的马怎么样，骑上去摔下来，跌断了大腿，福又带来了祸；战事突起，别人都战死了，这个人因为腿有残疾上不了战场，活了下来，祸又带来了福。福祸是相互引发的。我们不应该把祸福看成是僵死的，事情不管好坏，都处在转变中。我们一定要记住，上天是绝对公正的，你受到了损害，一定会得到某种补偿；你得到了好处，一定要付出某种代价。没有好事都让一个人占尽了的道理，也没有坏事都让一个人去承受的规矩。因此，正所谓"福兮祸之所伏，祸兮福之所倚"。任何事情都不是一成不变的，运动是绝对的，静止是相对的。我们在逆境中不要悲观，要以积极乐观的心态面对生活中的不幸，暂时的不幸都会过去，不顺心的阶段都只是暂时的。

辩证法思想也启示我们，一个人在春风得意的时候不要得意忘形，被胜利冲昏头脑的结果可能带来不幸。

从前弥子瑕深受卫国国君的宠爱。按照卫国的法律，私自驾驭国君车子的人要处以砍掉脚的刑罚。弥子瑕的母亲病了，有人晚上抄近路告诉了他，他假传国君的命令，驾车出宫。国君听说了，赞扬他有德行，说："弥子瑕真是孝顺呀！为了母亲竟然忘了砍脚的刑罚。"另一天，弥子瑕随国君到果园游玩，他吃一个桃子，觉得味道很好，就把吃了一半的桃子给国君吃。国君说："弥子瑕真是爱我呀！忘记了自己喜欢的美味而把它让给我。"随着时间流逝，国君对弥子瑕的宠爱也减弱了，后来他得罪了国君。这时，国君想起了以前的事，恨恨不已，说："这个家伙原来就伪造我的命令驾我的车，还把吃剩的桃子给我吃。"

因此，同一件事情，既可以是福，也可以是祸，是福是祸取决于条件。弥子瑕受宠的时候，假传命令使用国君的马车，把吃了一半的桃子给国君吃，古时这都是大罪过，却得到国君的表扬，得到更大更多的好处。一旦他失宠，这些就成了给他定罪的理由。祸福由条件说了算。

"在处理人与自然的关系的时候自觉运用辩证法思想可以避免大自然对人类的惩罚。20世纪末，美国西部一个州发生一场森林大火，烧毁了上万亩森林。人们发现罪魁祸首是森林中的枯枝败叶。州政府对森林中的衰败、干枯的树枝、草叶进行清理，以杜绝隐患。随后两年，再未发生大的火灾。但是，一种由云杉卷叶蛾引起的虫害，却大面积地爆发了。美国农业部的专家对此现象进行了调查，最后得出的结论是：造成虫害的主要原因是，清理了森林中枯死的树木、草叶。生物学家研究发现，森林中害虫的数量与鸟儿、蚂蚁的数量成反比。树木枯死后，经过一段时间会形成一个个空洞，鸟儿和蚂蚁就会在其中安家落户，它们的存在有力地遏制了虫害的繁衍。人们为防止火灾清除了枯木杂草，也毁掉了鸟类和蚂蚁赖以安身的家园。这项研究使人们明白了一个道理：自然界中的一草一木，都有其存在的价值和合理性，大自然总是在巧妙地调节和平衡各种生物之间的关系。人类应该尊重这些自然法则和规律，尊重事物之中存在的辩证法，与自然和谐相处。不承认客观辩证法就会受到毫不客气地教训，直至清醒为止。枯木无用也有用，这个实例同样揭示了辩证法的道理。"[①]

扬弃是辩证法的根本特征。事物在扬弃的过程中，保留了原来事物中的积极元素，抛弃了原来事物中的消极元素。

---

① 高路：《中华寓言哲理书》，中国工人出版社2007年版，第10页。

辩证法认为世界上的一切事物和现象都是普遍联系和永恒运动变化的，事物内部的矛盾性是事物发展变化的根本原因。事物包括对立统一的两个方面，矛盾双方依据一定的条件可以相互转化。扬弃促使事物向成功的、积极的方面转化。面对生活中的挫折，我们用辩证的思维来看待，创造有利条件，将形式从不利于自己的方面向有利于自己的方面转化。这实质上就是保留了事物中的积极元素，抛弃了事物中的消极元素。因此，用扬弃的思维看问题本身就是辩证法的正确运用。扬弃体现了新生事物对原来事物既保留又抛弃、既继承又克服的关系，能够促使事物向更好的方面发展。

第二节　异化劳动的扬弃在于私有财产的扬弃

一、私有财产和异化劳动互为因果

国民经济学家认为工人生产了劳动的全部产品，用来增大自然产品的价值的唯一的东西是劳动。"资本、地租和劳动的分离对工人来说是致命的。最低的唯一必要的工资额就是工人在劳动期间的生活费用，再加上使工人能够养家糊口并使工人种族不致死绝的费用。资本，即是积蓄的劳动，对他人劳动产品的私有权。土地所有者的权利来源于掠夺。"[1]地租和资本利润是工资的扣除，是对工人的掠夺。"国民经济学把工人只当作劳动的动物，当作仅仅有最必要的肉体需要的牲畜。劳动在国民经济学中仅仅以谋生活动的形式出现。"劳动、资本、土地的相互分离以及工资、资本的利润、地租的相互分离直接导致了对工人的剥削。"从国民经济学本身出发，用它自己的话指出，工人降低为商品，而且降低为最贱的商品；工人的贫困同他的产品的力量和数量成反比；竞争的必然结果是资本在少数人手中积累起来，也就是垄断的更惊人的恢复；最后，资本家和地租所有者之间，农民和工人之间的区别消失了，而整个社会必然分化为两个阶级，即有产者阶级和没有财产的工人阶级。"可见，私有财产是工人在私有制下的生产成果，是工人劳动的结果，即私有财产取决于工人的劳动，这种劳动是资本主义状态下的

---

[1] 洪波：《马克思个人观研究》，中国社会科学出版社2010年版，第9页。

异化劳动。因此，私有财产是资本家阶级剥削工人阶级的异化劳动成果，异化劳动又会加剧私有财产运动。私有财产既是异化劳动的原因，又是异化劳动的结果。私有财产一方面是异化劳动的产物，另一方面又成为劳动异化的手段。

二、私有财产的扬弃

"私有财产不过是下述情况的感性表现：人变成对自己来说是对象性的，同时，确切地说，变成异己的和非人的对象；他的生命表现就是他的生命的外化，他的现实化就是他的非现实化，就是异己的现实。同样对于私有财产的积极扬弃，就是说，为了人并且通过人对人的本质和人的生命、对象性的人和人的作品的感性的占有，不应当仅仅被理解为直接的、片面的享受，不应当仅仅被理解为占有、拥有。人以一种全面的方式，就是说，作为一个整体的人，占有自己的全面的本质。人对世界的任何一种人的关系——视觉、听觉、嗅觉、味觉、触觉、思维、直观、情感、愿望、活动、爱——总之，他的个体的一切器官，正像在形式上直接是社会的器官的那些器官一样，是通过自己的对象性关系，即通过自己同对象的关系而对对象的占有，对人的现实的占有；这些器官同对象的关系，是人的现实的实现（因此，正像人的本质规定和活动是多种多样的一样，人的现实也是多种多样的），是人的能动和人的受动，因为按人的方式来理解的受动，是人的一种自我享受。"[1]

"马克思的思路是非常明晰的：他把私有财产理解为人的自我异化，因为财产本来就是人创造出来的，但它又倒过来支配人；共产主义是对私有财产的扬弃，因而归根到底也是对人的自我异化的扬弃，而这种扬弃同时也是对人的本质的真正的占有和人性的真正的复归。更为重要的是，马克思也意识到，无论是人和自然之间、人和人之间的矛盾，还是存在和本质、对象化和自我确证、自由和必然、个体和类之间的斗争，都是以私有财产即人的自我异化为前提的，因而只有通过共产主义扬弃私有财产，上述矛盾和冲突才能得到根本上的解决。"[2]共产主义是人的本质异化的彻底扬弃。

---

[1] 洪波：《马克思个人观研究》，中国社会科学出版社2010年版，第9页。

[2] 洪波：《马克思个人观研究》，中国社会科学出版社2010年版，第9页。

私有财产是异化了的人的生命的物质的、感性的表现。私有财产的积极扬弃，作为对人的生命的占有，是一切异化的积极的扬弃。宗教的异化本身只是发生在人内心深处的意识领域中，经济的异化是现实生活的异化，因此异化的扬弃包括两个方面。因此，在现实生活领域，异化劳动的扬弃在于经济领域私有财产的扬弃。"私有财产是外化劳动即工人对自然界和对自身的外在关系的产物、结果和必然结果。"在私有财产的运动中，人变成对自己来说是异己的存在。人在自己的对象中丧失自身，人在对象性劳动中的关系是对一个完全异己的、敌对的、不依赖于他的对象的关系。这种关系使人的活动成为受他人支配的，处于他人的强迫和压制下的活动。人本来是财产的创造者，应该真正占有和享有财产。但是，随着财产创造的越来越多，财产却被资本家占有。资本家通过剥削的财产反过来开始奴役创造财富的工人。人明明是财富的创造者，现在却倒过来被巨大的财富的权力所支配。正如马克思指出的："我们从国民经济学得到作为私有财产运动之结果的外化劳动（外化的生命）这一概念。私有财产是外化劳动的根据和原因，也是外化劳动的后果，二者是相互作用的关系。"①马克思以剖析劳动与资本的矛盾为出发点，认为这种对立发展到非常尖锐的程度，必然会使私有制得到根本的解决，正如他指出的："私有财产只有发展到最后的、最高的阶段，它的这个秘密才重新暴露出来，就是说，私有财产一方面是外化劳动的产物，另一方面又是劳动借以外化的手段，是这一外化的实现。"

私有财产的运动本身就是私有财产的异化过程，这一过程又滋生了异化，资本的吃人本性是要榨干劳动者身上的每一滴血汗，私有财产的不断运动加剧了社会的异化状态。因此，正是异化劳动生产出了私有财产，反过来，由于私有财产的存在又加剧了异化劳动。对于私有财产的扬弃可以实现异化劳动的扬弃，二者具有一致性。在生产中，工人因劳动本身的异化而不能表现为有意识的自由自觉的劳动，劳动异化的本质就在于对私有财产的不同占有关系。财产的占有关系不同直接导致了工人生存方式的不同，工人境遇与资本家境遇的天差地别。这种不同的占有关系在整个社会中表现为

---

① 韩喜平、庞雅莉、穆艳杰：《马克思主义经典著作精选导读》，吉林大学出版社2007年版，第82–96页。

异化劳动的扬弃

工人与资本家之间的经济、政治、文化等各方面的不平等。工人阶级与资本家阶级之间的严重不平等预示了私有财产被否定和扬弃的必然命运。

前文已经指出，扬弃是指事物在历史发展中对合理性因素的肯定和保留，对不合理因素的否定和抛弃，使事物在螺旋上升中向更高的阶段发展，实现旧事物向新事物的转化。扬弃本质上是辩证的否定，肯定私有财产作为财富积累的手段，否定私有财产奴役人的本质，为向更高形态的社会制度的发展奠定物质基础。人类解放通过私有财产的运动，不断扬弃私有财产的独占性、奴役性特征，发展其积极实践性的一面。对私有财产的扬弃是扬弃人的异化劳动状态，"是人的一切感觉和特性的彻底解放；但这种扬弃之所以是这种解放，正是因为这些感觉和特性无论在主体上还是在客体上都成为人的。眼睛成为人的眼睛，正像眼睛的对象成为社会的、人的、由人并为了人创造出来的对象一样。因此，感觉在自己的实践中直接成为理论家。感觉为了物而同物发生关系，但物本身是对自身和对人的一种对象性的、人的关系，反过来也是这样。当物按人的方式同人发生关系时，我才能在实践上按人的方式同物发生关系。因此，需要和享受失去了自己的纯粹的有用性，因为效用成了人的效用。同样，别人的感觉和精神也成为我自己的占有。因此，除了这些直接的器官以外，还以社会的形式形成社会的器官。例如，同他人直接交往的活动等等，成为我的生命表现的器官好对人的生命的一种占有方式。"[①]这样，人从异化的状态中解脱出来，人成为自身命运的掌控者，从而把对抗性矛盾关系变为对人的本质的真正占有关系，才能解除私有条件下对人性的束缚和压抑，使人性得以回归，才能有人的真正的自我解放和人性的自在，才能实现人与自然、人与人、人与社会的统一，实现人向社会的人的复归，使人成为真正意义上的人。扬弃私有财产，也就是人的自我异化的扬弃。对私有财产的扬弃是对人的本质的恢复，消解异化必须消除异化产生的根源，即消除资本主义私有制。

因此，私有财产扬弃的过程也是资本主义制度不断进行自我扬弃的运动。"从私有财产等等的解放，从奴隶制的解

[①] 韩喜平、庞雅莉、穆艳杰：《马克思主义经典著作精选导读》，吉林大学出版社2007年版，第48–55页。

放，是通过工人解放这种政治形式表现出来的。工人的解放包含全人类的解放。因为整个人类奴役制就包含在工人同生产的关系中，而一切奴役关系只不过是这种关系的变形和后果罢了。"①

---

① 姚顺良：《马克思主义哲学史：从创立到第二国际》，北京师范大学出版社2010年版，第9页。

第四章 异化劳动扬弃的共产主义归宿

第一节 共产主义的文本解读

马克思在《手稿》中是这样论述共产主义的基本特征："共产主义是私有财产即人的自我异化的积极扬弃，因而是通过人并且为了人而对人的本质的真正占有；因此，它是人向自身、向社会的即合符人性的复归，这种复归是完全的、自觉的和在以往发展的全部财富的范围内生成的。这种共产主义作为完成了的自然主义、等于人道主义，而作为完成了的人道主义等于自然主义，它是人和自然界之间、人和人之间的矛盾的真正解决，是存在和本质，对象化和自我确证、自由和必然、个体和类之间的斗争的真正解决。它是历史之迷的解答，而且知道自己就是这种解答。"

异化劳动的扬弃

我们可以这样理解马克思的对共产主义的表述：共产主义从根本上就可以定义为对自我异化的扬弃。而自我异化的扬弃和私有财产的扬弃走的是同一条道路。"共产主义以私有财产运动为根据和基础。历史的全部运动，既是这种共产主义的现实的生产的活动即经验存在的诞生活动，同时，对共产主义者的能思维的意识来说，又是它被理解到和被认同到的生成运动。共产主义的整个革命运动必然在私有财产的运动中，即在经济中，为自己既找到经验的基础，也找到理论的基础。共产主义是人向自身即社会的人的复归。在私有财产被积极扬弃的前提下，人才使人成为真正的人，成为直接体现他的个性的对象如何是他自己为别人的存在。自然界的人的本质只是对社会的人说来才是存在的，因为只有在社会中，自然界对人来说才是人与人联系的纽带，才是他为别人的存在和别认为他的存在，才是人的现实生活要素，只有在社会中，自然界才是人自己的人的存在的基础。只有在社会中，人的自然的存在对他来说才是他的人的存在。因此，社会是同自然界的完成了的本质的统一，是自然界的真正复活，是人的实现了的自然主义和自然界的实现了的人道主义。"①共产主义作为社会发展的一个阶段，是对私有财产的扬弃。在私有财产被扬弃的前提下，才能使人成为真正的人，成为真正体现他的个性的对象如何是他自己为别人的存在，同时是这个别人的存在，而且也是这个别人为他的存在。共产主义是对私有财产的扬弃，是通过劳动（有意识的自由自觉的劳动）来实现的。在私有制社会中，劳动成果被资本家所剥夺，劳动成果被异化和私有化。导致劳动异化的根源是私有制和劳动与资本的分离。劳动不能长期的异化状态，它的发展是对异化的扬弃。因此，共产主义是对异化劳动的扬弃、私有财产的扬弃、自我异化的扬弃，三者是统一的。具体过程可用下图表示：

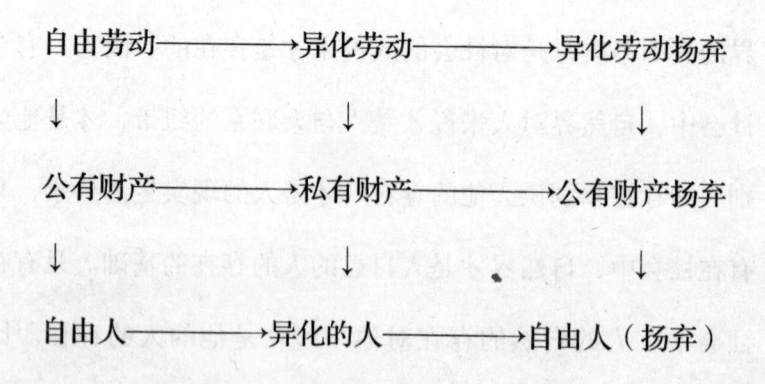

自由劳动————→异化劳动————→异化劳动扬弃
↓　　　　　　　　↓　　　　　　　　↓
公有财产————→私有财产————→公有财产扬弃
↓　　　　　　　　↓　　　　　　　　↓
自由人—————→异化的人————→自由人（扬弃）

---

① 姚顺良：《马克思主义哲学史：从创立到第二国际》，北京师范大学出版社2010年版，第9页。

异化劳动的扬弃

共产主义作为对于私有财产的一个否定过程，是对私有制的辨证的否定过程，不是一个消极的否定过程。共产主义对私有财产的扬弃只是否定财产的私有制的异化形式，但不否定财产本身。共产主义是在原有劳动成果的基础上的进步，也就是说，共产主义要肯定、保留、继承私有财产创造的积极成果。马克思在《经济学手稿（1857—1858年）》中提出了著名的三形态理论："人的依赖关系（起初完全是自然发生的），是最初的社会形态，在这种形态下，人的生产能力只是在狭窄的范围内和孤立的地点上发展着。以物的依赖性为基础的人的独立性，是第二大形态，在这种形态下，才形成普遍的物质变换，全面的关系，多方面的需求以及全面的能力的体系。建立在个人全面发展和他们共同的社会生产能力成为他们的社会财富这一基础上的自由个性，是第三个阶段。第二个阶段为第三个阶段创造条件。"

人类历史上出现的第一个社会形态是"人的依赖型社会"。在这一时期，人与人之间的关系是以血缘关系联接的地域性的关系。第二个社会形态是"以物的依赖性为主的人的独立性社会"。这里依赖的物实际上就是私有财产。对私有财产的依赖在资本主义社会中表现得最为突出。"马克思把私有财产的异化理解为人的自我异化，因而认为在第二个社会形态特别是资本主义社会中，异化劳动以前所未有的方式显现出来。然而，成熟时期的马克思不再停留在对异化现象的单纯的道德谴责上，他已经从历史唯物主义的立场出发，清醒地意识到：'全面发展的个人——他们的社会关系作为他们自己的共同的关系，也是服从于他们自己的共同的控制的——不是自然的产物，而是历史的产物。要使这种个性成为可能，能力的发展就要达到一定的程度和全面性，这正是以建立在交换价值基础上的生产力为前提的，这种生产才在产生出个人同自己和同别人的普遍异化的同时，也产生出个人关系和个人能力的普遍性和全面性。'这就启示我们，尽管这种'以物的依赖性为主的人的独立性社会'的普遍异化现象应该受到道德上的谴责，但从历史评价的角度看，我们首先还是要肯定它，因为只有通过这一普遍异化的'炼狱'，充裕的社会财富和全面发展的个人才可能形成。也正是在这个意义上，马克思说'第二个阶段为第三个阶段创造条件'"[1]。第三个社会形态是"人的全面发展

---

[1] 姚顺良：《马克思主义哲学史：从创立到第二国际》，北京师范大学出版社2010年版，第9页。

和自由解放的社会"。这个社会形态就是共产主义社会。正如马克思在《共产党宣言》中所说的:"代替那存在着阶级和阶级对立的资产阶级旧社会的,将是这样一个联合体,在那里,每个人的自由发展是一切人的自由发展的条件。"显然,共产主义社会必然是异化彻底被扬弃的社会。

共产主义运动的实践基础和理论基础存在于私有财产的运动规律中。私有财产运动的过程为:财产的本质状态——私有财产(异化)——财产回归本质(扬弃异化)。因此,可以得出结论:共产主义运动的实践基础是工人阶级对私有财产压迫的对抗;共产主义运动的理论基础是私有财产运动的必然性规律,即私有财产的异化状态必然要走向异化的扬弃。异化的扬弃实质上就是辩证的否定(否定之否定)。黑格尔认为,绝对观念是先于自然界和人类社会而存在的能动的实体或主体,由于它自身包含的矛盾,必然要外化为自然界。这是第一个否定;当绝对观念在发展过程中认识到自然界不过是自身的异在时,就扬弃了自然界而回复到自身,这是否定之否定。

马克思在黑格尔用否定之否定规律的基础上更加进步。他揭示了人类自我创造的活动和人类历史的辩证发展规律。马克思的异化概念吸收了黑格尔的否定之否定规律的合理内核，异化的扬弃就是对否定的再否定。马克思认为在私有财产和商品交换出现以后，出现了以劳动异化为基础的各种异化现象，这是对人及其本质的否定。"私有制使我们变得如此愚蠢而片面，以致一个对象，只有当它为我们拥有的时候，就是说，当它对我们来说作为资本而存在，或者它被我们直接占有，被我们吃、喝、穿、住等等的时候，简言之，在它被我们使用的时候，才是我们的。尽管私有制本身又把占有的这一切直接实现仅仅看作生活手段，而它们作为手段为之服务的那种生活，是私有制的生活——劳动和资本化。"而共产主义正要扬弃异化，消灭分工和私有制，实现人的本质的复归。因此，马克思指出："共产主义是作为否定的否定的肯定，因此，它是人的解放和复原的一个现实的、对下一段历史发展来说是必然的环节。共产主义是最近将来的必然的形式和有效的原则。但是，共产主义本身并不是人的发展的目标，并不是人的社会的形式。"[1]

---

[1] 马克思：《1844年经济学哲学手稿》，人民出版社2000年版，第50—72页。

异化劳动的扬弃

总体上看,《手稿》是马克思主义形成过程中的一部具有转折意义的重要著作。从这部著作开始,马克思由哲学批判转向了经济学研究。它第一次把哲学、政治经济学和共产主义结合起来,提出了马克思主义理论体系的雏形。《手稿》是马克思主义理论的"真正诞生地和秘密"。这一时期马克思的共产主义思想虽然还处于不成熟的阶段,但是其中存在着合理的成分,是走向后来历史唯物主义的合理的和必然的发展阶段。其理论成果主要表现在:首先,马克思指出,资产阶级经济学是"资本家的科学自白",它虽然从私有财产的事实出发,但是却没有说明这个事实。它虽然肯定劳动是财富的唯一本质,但没有给劳动者提供任何东西,而是给私有财产提供了一切。资产阶级经济学家所表述的是资本主义的异化劳动规律。马克思揭示了异化劳动的性质,为后来揭示资本主义雇佣劳动的本质,创立剩余价值论奠定了基础。《手稿》第一次从经济出发论证共产主义。这里对共产主义的论述,虽然是建立于费尔巴哈的人本主义思想中,以抽象的人为出发点,带有一定得人道主义和思辨色彩,但是已经具有了科学性。《手稿》中的共产主义不是人类所达到的目标和一种社会形态,它主要是扬弃私有制、扬弃异化的一个环节。

马克思在《形态》中这样论述共产主义："共产主义对我们说来不是应当确定的状况，不是现实应当与之相适应的理想。我们所称为共产主义的是那种消灭现存状况的现实的运动……它推翻一切旧的生产关系和交往关系的基础，并且第一次自觉地把一切自发形成的前提看作是前人的创造，消除这些前提的自发性，使它们受联合起来的个人支配。因此，建立共产主义实质上具有经济的性质，这就是为这种联合创造各种物质条件，把现存的条件变成联合的条件……共产主义者不向人们提出道德上的要求，比如你们要应该彼此互爱，不要做利己主义者等等；相反，他们清楚地知道，无论利己主义还是自我牺牲，都是一定条件下，个人自我实现的一种必要形式。"[①]

《形态》中对于劳动分工的分析揭示出一系列问题的实质。在私有制占统治地位的社会，劳动成为一种异己的力量，使人无法把握自己的命运，分工对于人类来说是一种强制力。"只要分工还不是处于自愿，而是自然形成的，那么人本身的

---

① 郑必坚等：《马列著作选编》，中共中央党校出版社2002年版，第2页。

异化劳动的扬弃

活动对人来说就成为一种异己的、同他对立的力量,这种力量压迫着人,而不是人驾驭着这种力量。原来,当分工一出现之后,任何人都有自己一定的特殊的活动范围,这个范围是强加于他的,他不能超出这个范围:他是一个猎人、渔夫或牧人,或者是一个批判的批判者,只要他不想失去生活资料,他就始终应该是这样的人。而在共产主义社会里,任何人都没有特殊的活动范围,而是都可以在任何部门内发展,社会调节着整个生产,因而使我有可能随自己的兴趣今天干这事,明天干那事,上午打猎,下午捕鱼,傍晚从事畜牧,晚饭后从事批判,这样就不会使我老是一个猎人、渔夫、牧人或批判者。社会活动的这种固化,我们本身的产物聚合为一种统治我们、不受我们控制、使我们的愿望不能实现并使我们的打算落空的物质力量。"[1]在分工的作用下产生了一种异己的强制力量。人们不了解这种力量的起源和发展,因此无法再驾驭这种力量,其意志和行为受这种力量的支配和控制。

"这种异化只有具备了两个实际前提之后才能消灭。要

---

[1] 郑必坚等:《马列著作选编》,中共中央党校出版社2002年版,第2页。

使这种异化成为一种不堪忍受的力量,即成为革命所要反对的力量,就必须让它把人类的大多数变成完全没有财产的人,同时这些人又同现存的有钱的有教养的世界相对立,而这两个条件都是以生产力的巨大增长和高度发展为前提的。"共产主义的实现是世界历史性的事业,要在世界历史中完成。马克思说:"许许多多人仅仅依靠自己劳动为生——大量的劳动与资本隔绝或甚至连有限地满足自己需要的可能性都被剥夺——从而由于竞争,他们不再是暂时失去作为有保障的生活来源的工作,他们陷于绝境,这种状况是以世界市场的存在为前提的。因此,无产阶级只有在世界历史意义上才能存在,就像共产主义——它的事业——'只有作为世界历史性'的存在才可能实现一样。而人的世界历史性的存在,也就是与世界历史直接相联系的各个人的存在。"[1]这样,马克思就不仅把共产主义从天国拉向人间,而且从实现条件上指明"交往的任何扩大都会消灭地域性的共产主义,共产主义只有作为占统治地位的民族一下子同时发生的行为,在经验上才是可能的,而这是以生产

---

[1] 郑必坚等:《马列著作选编》,中共中央党校出版社2002年版,第2页。

异化劳动的扬弃

力的普遍发展和与此相联系的世界交往为前提的。"马克思这个设想的意义不在于它的现实可能性,而在于它已经关注共产主义的实现条件和途径,这与《手稿》相比不能不说是一个很大的进步。

共产主义的实现是一个不断发展的实践历史过程。马克思在《手稿》中提出了共产主义扬弃异化、使人全面地占有自己的本质和最终解决人与自然和人与人以及人与社会之间矛盾的目标,但就人的现实存在来说,这个使命很难完成。因此,马克思提出的共产主义的这个崇高使命只能伴随人类同行,在全部人类无止境的历史中才能实现。这就与共产主义的现实维度形成悖论:现实维度指明只要达到必需的条件,共产主义一定能够实现,而形上维度却说共产主义只能在"历史的全部运动"中或"在现实中将经历一个极其艰难而漫长的过程"才能实现。对于这样的困境,马克思在《形态》中提出"共产主义对我们来说不是应当确立的状况,不是现实应当与之相适应的理想。我们所称为共产主义的是那种消灭现存状况的现实运动。这个运动的条件是由现有的前提产生的"。这段名言一方面指出共产主义实现的可能性,另一方面指出共产主义是一种运动,是在改造现存状况中的现实生成过程,是扬弃了异化劳动的造就人的全面发展的实践过程。因此,"随着私有制的消灭,随着对生产实行共产主义的调节以及这种调节所带来的人们对于自己产品的异己关系的消灭,供求关系的威力也将消失,人们将使交换、生产及他们发生相互关系的方式重新受自己的支配。"①

《宣言》中,马克思和恩格斯第一次系统而完整地阐述了马克思主义的思想体系,历史唯物主义贯穿全文。这本著作分析了资本主义、资产阶级的产生、发展的过程,揭示了"现代的资产阶级私有制是建立在阶级对立上面、建立在一些人对另一些人的剥削上面的产品生产和占有的最后而又最完备的表现。"文章指出:"随着大工业的发展,资产阶级赖以生产和占有产品的基础本身也就从它的脚下被挖掉了。它首先生产的是它自身的掘墓人。资产阶级的灭亡和无产阶级的胜利是同样不可避免的。"资本主义必然灭亡和共产主义必然胜利是社会发展的客观规律。埋葬资本主义旧制度和建设共产主义新社会

---

① 洪波:《马克思个人观研究》,中国社会科学出版社2010年版,第2页。

是无产阶级的伟大使命。无产阶级革命和无产阶级的政治统治是无产阶级获得彻底解放的根本道路。文章最后指出："共产党人到处都努力争取全世界的民主政党之间的团结和协调。共产党人不屑于隐瞒自己的观点和意图。他们公开宣布：他们的目的只有用暴力推翻全部现存的社会制度才能达到。让统治阶级在共产主义革命面前发抖吧。无产者在这个革命中失去的只是锁链。他们获得的将是整个世界。全世界无产者，联合起来！"①

在《宣言》中，马克思和恩格斯的共产主义充分体现了反思批判性：一是实践反思批判。《宣言》中的共产主义思想的阐释，从本质上对资本主义的历史和现实进行批判，从根本上批判资本主义制度的不合理。这种批判不是形而上学的否定，而是本质上的扬弃；二是理论反思批判。在理论上的批判具有鲜明的革命性。这种批判是在对各种社会主义思潮的批判基础上得以确立的。这不仅仅是一种学说对另一种学说的批判，而是两种历史观的对立；三是自我反思批判。

---

① 洪波：《马克思个人观研究》，中国社会科学出版社2010年版，第2页。

这种自我批判具有强烈的包容性和开发性，在实践批判和理论批判的辩证统一的基础上，反思扬弃、超越自我。《宣言》中阐述的共产主义思想只有在发展中才能完善自我，它阐述的共产主义思想不是终极描述。马克思主义从资产阶级登上历史舞台并由以造成的世界性生产、交往，以及与之相连的经济、政治、思想文化的相互联系、相互作用的整体性出发，分析资本主义的历史归宿，从而得出共产主义理论结论。它与一切粗陋的、平均的社会主义根本不同。同时，马克思主义的共产主义具有现实可能性的根据。马克思和恩格斯在《宣言》中发展了他们在《形态》中首次提出的"世界历史"理论，共产主义实现的可靠的依据和广阔的视域就是通过这一理论来建构的。

《宣言》是马克思主义与工人运动相结合的产物。马克思发现工人阶级孕育着相当大的力量。随着大工业的发展，资产阶级借以生产和占有的基础本身，也就从它的脚底抽掉了，它首先生产的是它自身的掘墓人。大部分劳动者从事生产性劳动。生产性劳动是整个社会的基本劳动。社会上从事脑力劳动的只是一部分人，并且他们的劳动产品最后还得进

异化劳动的扬弃

入到生产环节才能产生使用价值。脑力劳动领域对于生产劳动者依赖性很强,如果没有生产劳动者,社会没有办法生存下去。因此,马克思认为工人阶级不是我们去怜悯的阶级,而是养活我们这些人的阶级。人民群众是创造历史的主人公,历史活动是群众的事业,随着历史活动的深入,必将是群众队伍的扩大。可是为什么工人阶级处于这样被怜悯的状态呢?他们一再的劳动养活了很多人,很多人却把他们当成慈善保护的对象,把他们当成社会随时扔到最底层的对象。马克思想要通过理论的力量来发动无产阶级的力量。释放工人阶级力量的前提条件就是工人阶级意识的觉醒。工人阶级自己并不知道自己是受剥削的,自己虽然处于被践踏的状况,但并不知道自己为什么处于这样一个状况。马克思认为工人单个力量是很弱小的,必须组合成一个队伍。"只有完全失去了整个自主活动的现代无产者,才能够实现自己的充分的、不再受限制的自主活动,这种自主活动就是对生产力总和的占有以及由此而来的才能总和的发挥。"共产主义考单个的力量是不能实现的。实现共产主义需要把工人的力量联合起来组成共同体。

第二节 共产主义是私有财产的扬弃

共产主义是人的本质存在的物质基础。"自我异化的扬弃同自我异化走的是一条道路。"私有财产的产生具有历史的必然性，私有财产产生的主体其本质就是劳动，私有财产就是积累起来的异化劳动。因此，只有消灭私有财产才能消灭异化劳动，只有消灭异化劳动，以及由此引起的一切领域的异化现象，才能实现人类的真正自由。

马克思把共产主义看作是对私有财产的扬弃，针对资本主义的私有制采取非常现实的革命运动，是在高度发达的生产力的基础上扬弃私有财产，归还人的真正财产。私有财产的扬弃，是人的一切感觉和特性的彻底解放。但这种扬弃之所以是上述的解放，正是因为这些感觉和特性无论在主体上还是客体上都变成真正的人的自由。一定意义上说，共产主义是对私有制社会的彻底否定，是以扬弃私有财产作为中介的人道主义。

《手稿》时期，马克思的共产主义思想已经达到了超越以往共产主义思潮的真正的共产主义的水平。马克思非常深刻地对共产主义思潮进行了批判，并通过对两种共产主义思潮的批判，引出了他对于共产主义的界定。

马克思认为，前两种共产主义思潮都提出了扬弃私有财产的要求，但是他们共同的理论症结是都不了解私有财产的本质。第三手稿共产主义篇开篇第一段话，马克思表达了这样一个意思：私有财产关系很早就已经存在了，无产和有产的对立由来已久。只有工人和资本家的对立，无产阶级和资产阶级在财产问题上的对立，才是私有财产发展历史上，阶级对立发展历史上达到的最高水平。只有有产和无产的对立发展到资本和劳动的对立，才是真正意义上的对立，劳动和资本的对立才是真正意义上作为矛盾来理解的对立。这种对立也意味着无产和有产的对立的由来已久的社会矛盾将走向解决。也就是说，这种矛盾只有发展到最极端、最尖锐的程度才具备了从根本上得到解决的可能性。异化的状态是普遍存在的，异化的消除必须是异化走向极端。有产和无产的矛盾在私有财产关系出现之后就已经存在了。但是这个矛盾真正的彻底解决必须是这个矛盾发展到最高的、最尖锐的、最极端的程度。发展到劳动和资本的对立，工人和资本家的对立的程度，矛盾才可能最后走向解决。因此，马克思讲"自我异化和自我异化的扬弃走的是同一条道路"。私有财产是在人之外的存在，是作为客体来理解的。私有财产的本质是劳动，但是它是一种异化的劳动，所以应该被消灭。

共产主义是在考察资本主义制度的历史过程中逐渐形成的一种学说，这种学说是扬弃私有财产的积极表现。

开始的时候，这些共产主义思潮消灭私有财产的主张都表现为私有财产的普遍化。它从私有财产的普遍性来看私有财产。例如，打土豪分田地。土豪劣绅霸占着土地，而贫农长工一无所有，因此要把被霸占的劳动者创造的私有财产平分。平分私有财产并不是消灭私有财产，而是私有财产的普遍化。让每一个人都成为一个小私有者。这是中国几千年的封建社会的特点。一个农民起义领袖通过农民起义推翻了一个封建王朝，之后把土地集中的社会现象解构掉，把被大地主占有的土地财富分掉，让每一个人拥有土地，若干年后土地集中又开始出现，周而复始。显然中国的封建社会非常稳固。这种超稳态结构显然摆脱不了历史铁律的控制，也很很难从根本上根除这个体系。

异化劳动的扬弃

共产主义思潮主张扬弃私有财产是平分私有财产，它不是从根本上消灭私有财产，而是让每一个人成为一个小私有者。这是马克思对共产主义思潮作的一般性的判断。进而，马克思具体分析了两类共产主义思潮。

第一类，如果这个东西不能被平均化，我们就把它消灭掉——这是人的本性中卑劣的一个方面——你比我聪敏，我比你笨都是不合理的，大家的智商应该都一样。马克思分析了其中卑鄙性的原因，即物质的直接占有是生活和存在的唯一目的。这种共产主义充满着对私有财产的贪婪与渴望。它是私有财产的存在，贪欲的存在。在资本主义时代，这种思潮意味着工人这个范畴没有被取消而是被推广到一切人身上。这样的共产主义并没有从根本上消灭工人的身份，而是每个人变成工人，每个人变成小资本家，整个社会变成抽象的资本家。私有财产的关系仍然是整个社会同实物世界的关系。这种共产主义表现为共产共妻。它是从对私有财产的贪欲的人的本质出发提出的消灭私有财产的一种特定表现形式，即私有财产的普遍化和完成。它的极端表现是消灭私有财产，它的动物表达形式是公妻制。这样一种公妻制的尺度是贪欲的、贪婪的、自私的尺度,是把人的本质作为私有财产的本质的尺度,是把人作为私有财产的贪婪存在的生物学的尺度。资本成为整个社会共同体的公认的普遍性和力量,异化劳动成为每个人的本分。这种私有财产的普遍化和完成本质上是资本主义的普遍化和完成,不是从根本上消灭和推翻资本主义。以往的共产主义思潮,都是站在国民经济学家立场上,归根到底是资本的立场。

共产主义思潮的第二种表现形式:政治形式的共产主义。例如,过渡阶段。社会主义就处于一个过渡阶段,废除国家,但是国家还没有真正被废除,是民主的,但是也有可能走向专制。这也不是真正的共产主义。

马克思指出以上两种共产主义思潮都已经提出了积极扬弃私有财产的主张(除了极端情况之外),但是他们不理解私有财产的本质。因此,马克思在把握了私有财产的本质之后,对共产主义做出了界定。私有财产的主体本质是劳动,即异化劳动。因此说,马克思超越了以往的共产主义思潮。

共产主义作为一种社会主张毫无疑问是要消灭人的异化状态,以及要消灭作为人的异化状态最根本的私有财产关系。而人的本质是社会存在物,因此在《手稿》里马克思不区分人和社会，而把"全部财产范围内"和卑鄙的共产主义区分开。马克思通过对异化劳动四重规定性的分析，得出了一个最基本的结论：与其说私有财产是异化劳动的根据，还不如说异化劳动是私有财产的根据。即，异化劳动导致私有财产关系，私有财产的本质是异化劳动。共产主义要消灭私有财产就必须消灭异化劳动，重建不异化的劳动。这种不异化的劳动就是劳动的对象化，劳动的产品是劳动的对象化，劳动是劳动的对象化。劳动就是现实个人的对象性的活动。这种对象性的活动发生着三方面的关系：人与物的关系；人与人的关系；人与社会的关系。在异化劳动中，人与自然、人与人的关系是一种异化关系。扬弃了异化状态呈现的不异化的状态中人与自然、人与人的关系是一种感性的对象性的关系。

这种感性的对象性关系是一种什么关系呢？就人与自然界来讲，在劳动活动过程中间所发生的人与自然的关系是一种对象性关系。这种感性的对象性关系，作为人的劳动对象和劳动产品的东西不是在人之外，独立于人，并反过来统治人的东西，它是人的本质力量的对象性的存在。从对象中间看到的是人的本质力量。自然界就是人本身。劳动对象和劳动产品就是人的本质力量的确证。自然界就是另外一个人本身。这种关系是一种自然主义的关系。人与自然之间不异化的状态，一种感性对象性关系的状态，马克思称之为自然主义。就人与人来讲，人与人的对象性关系体现在，在你之外的他人不是与你反对的并反过来左右你、支配你、反对你的他在。他是你的本质力量的对象性的存在，你从他人身上看到的是你的本质。这样的感性对象性人与人的关系马克思称之为人道主义。自然主义与人道主义又是统一的、和谐的。这就是真正的共产主义。

"完成了的自然主义=人道主义"，"完成了人道主义=自然主义"强调的共产主义状态和我们今天理解的和谐社会状态意境是一致的。我们今天面临巨大的环境问题，这不是我们一个国家可以独立解决的全球问题，我们要重建人与自然的平衡、和谐状态，这就是马克思讲的自然主义。人与人的和谐状态的最高表现就是人道主义。我们讲的以人为本，自然主义等于人道主义是马克思共产主义的最高境界，这个境界显然是一个哲学的境界。立足于哲学面对的最基本的人与自然、人与人、人与社会的关系才能回答什么是真正意义上的人类社会。

第三节 共产主义是人的本质的复归

共产主义的最终目的是实现人的自我异化的积极扬弃，这种异化不仅包括劳动异化，还包括由劳动异化引起的各个领域异化。共产主义是通过对人的异化的扬弃，实现人向人的本质复归。资本主义私有制下，人处于被压抑、被束缚的异化状态。异化劳动的扬弃是还给现实的个人一切社会关系的总和。马克思认为，现实的人的自由和解放是指改变人类被异化的命运，即改变人类不合理的社会关系。共产主义讲的人的本质的复归，正是指把人从私有制条件下人的异化状态中摆脱出来，使人摆脱物的束缚，消除异化劳动给人带来的困惑，使人回归人的本质，使人在自由自觉的劳动中改造主观世界和客观世界。也就是说，在资本主义私有制下异化劳动使人丧失了人之为人的社会本质，把人变成畸形的、片面的、异化的人。简言之，共产主义人性的复归就是通过对私有财产的扬弃，克服人类在一切领域存在的异化现象,使人在社会生活中全面占有人的类本质。

现实的人的自由和解放包括两个方面:一方面是身体的解放,主要是指改变人的现实生存条件和社会关系,为人类的生存创造合理的外部环境。另一方面是人性的解放,主要是指人的情感、意愿、能力等一切精神活动自由的发展。正如马克思在《手稿》中指出的:"对于一个忍饥挨饿的人说来并不存在人的食物形式,而只有作为食物的抽象存在;食物同样也可能具有最粗糙的形式,而且不能说,这种饮食与动物的饮食有什么不同。忧心忡忡的穷人甚至对最美丽的景色都没有什么感觉;贩卖矿物的商人只看到矿物的商业价值,而看不到矿物的美和特性;他没有矿物学的感觉。"[1]现实的生存条件和社会关系是作为现实的人的基本生存前提。作为社会的人的精神活动是作为现实的人的生存价值的体现。因此,马克思指出:"通过私有财产及其富有和贫困——物质的和精神的富有和贫困——的运动,生成中的社会发现这种形式所需的全部材料;

---

[1] 马克思:《1844年经济学哲学手稿》,人民出版社2000年版,第50—72页。

同样，生成了的社会，创造着具有人的本质的这种全部丰富的人，创造着具有丰富的、全面而深刻的感觉的人作为这个社会的恒久的现实。"[①]所以，只有从根本上实现人在身体上和精神上的自由和解放，才能实现现实的人的自由和解放，才能回归人的本质。

总之，马克思预见的共产主义社会是这样一种生存状态：劳动成为人的第一需要，人对物的占有成为人发展自身能力实现自我价值的手段，人的劳动不再受私有制和分工的束缚而必须限定在特定的领域。马克思在《形态》中具体形象地描述了异化劳动和自由自觉劳动的不同状态："分工立即给我们提供了第一个例证，说明只要人们还处在自然形成的社会中，就是说，只要特殊利益和共同利益之间还有分裂，也就是说，只要分工不是自愿的行为，那么人本身的活动对人来说就成为一种异己的、与自身对抗的力量，这种力量会压迫着人。只要分工还存在，人的活动就是不自由的，任何人都有自己一定的特殊的活动范围。比如，他是一个猎人、渔夫或牧人，或者是

[①] 马克思：《1844年经济学哲学手稿》，人民出版社2000年版，第50—72页。

一个批判的批判者，只要他不想失去生活资料，他就必须从事固定的职业。在共产主义社会里，人的活动是自由自觉的活动，任何人都没有特殊的活动范围，而是都可以在任何部门内发展，社会调节着整个生产。每个人都享有极大的自由，可以根据个人的喜好选择自己喜欢的职业。共产主义社会就是要摆脱这种社会活动的固定化，使我们不再受制于这种统治我们、不受我们控制、使我们的愿望不能实现并使我们的打算落空的物质力量。

马克思对现实的人的生存状态的关注表达了他对人类命运的深切关怀。根据马克思在《形态》一书的相关论述，我们可以得出消除异化的历史条件："这种'异化'用哲学家易懂的话来说当然只有在具备了两个实际前提之后才会消灭。要使这种异化成为一种'不堪忍受的'力量，即成为革命所要反对的力量，就必须让它把人类的大多数变成完全'没有财产的'人，同时这些人又同现存的有钱有教养的世界相对立，而这两个条件都是以生产力的巨大增长和高度发展为前提的。另一方面，随着生产力的这种发展，人们的世界历史性的而不是地域性的存在同时已经是经验的存在了，之所以是绝对必需的实际前提，还因为如果没有这种发展，那就只会有贫穷、极端贫困的普遍化；而在极端贫困的情况下，必须重新开始争取必需品的斗争，全部陈腐污浊的东西又要死灰复燃。其次，生产力的这种发展之所以是绝对必需的实际前提，还因为：只有随着生产力的这种普遍发展，人们的普遍交往才能建立起来；普遍交往，一方面，可以产生一切民族中同时都存在着'没有财产的'群众这一普遍竞争的现象，使每一民族都依赖于其他民族的变革；最后，地域性的个人为世界历史性的、经验上普遍的个人所代替。如不这样，（1）共产主义就只能作为某种地域性的东西而存在；（2）交往的力量本身就不可能发展成为一种普遍的因而是不堪忍受的力量：它们会依然处于地方的、笼罩着迷信气氛的'状态'；（3）交往的任何扩大都会消灭地域性的共产主义。共产主义只有作为占统治地位的各民族'一下子'同时发生的行动，在经验上才是可能的，而这是以生产力的普遍发展和与此相联系的世界交往为前提的。"[1]

---

[1] 郑必坚等：《马列著作选编》，中共中央党校出版社2002年版，第2页。

共产主义是作为否定之否定的肯定，是人的解放和复归的一个现实的、对历史发展次一阶段说来是必然的环节。在这一过程中消除异化劳动是必然的。对于马克思指出的消除异化的历史条件，我们可以从以下五方面来理解：

一是高度发达的生产力。高度发达的生产力是消除私有制和社会分工的物质基础。马克思反对无视生产力必要发展的共产主义，并对其进行了严厉的批评，称其为"粗陋的共产主义"。然而，"这种共产主义，由于到处否定人的个性，只不过是私有财产的彻底表现，私有财产就是这种否定。普遍的和作为权力形成起来的忌妒，是贪欲所采取的并且仅仅是用另一种方式来满足自己的隐蔽形式。一切私有财产，就它本身来说，至少都对较富裕的私有财产怀有忌妒和平均化欲望，这种忌妒和平均化欲望甚至构成竞争的本质。粗陋的共产主义不过是这个忌妒和这种想象的最低限度出发的平均化的顶点。它具有一个特定的、有限的尺度。对整个文化和文明的抽象否定，向贫穷的、没有需要的人——他不仅没有超越私有财产的水平，甚至从来没有达到私有财产的水平——的非自然的简单状态的倒退，恰恰证明私有财产的这种扬弃决不是真正的占有。"①高度发达的生产力是马克思提出的共产主义的基本前提。

二是异化的极端发展。异化的极端发展是指有产者和无产者异化发展的极端对立。在这种异化的极端发展中，有产者被满足、被巩固，无产者被奴役、被毁灭、被推进非人之境。在异化的这种发展之中，无产者和有产者的对抗不可避免，无产阶级革命不可避免。但是，我们需要辩证看待异化劳动的历史作用。一方面给劳动者带来了灭顶之灾；另一方面创造出比以往更高的生产力。正如马克思指出的："工业的历史和工业的已经产生的对象性的存在，是一本打开了的关于人的本质力量的书。"工业的发展极大推动了生产力的发展。"自然科学却通过工业日益在实践上进入人的生活，改造人的生活，并为人的解放做准备，尽管它不得不直接地完成非人化。工业是自然界同人之间，因而也是自然科学同人之间的现实的历史关系。因此，如果把工业看成人的本质力量的公开的展示，那么自然界的人的本质，或者人的自然的本质，也就可以理解了；

---

① 洪波：《马克思个人观研究》，中国社会科学出版社2010年版，第9页。

因此，自然科学将失去它的抽象物质的或者不如说是唯心主义的方向，并且将成为人的科学的基础，正像它现在已经——尽管以异化的形式——成了真正人的生活的基础一样；至于说生活有它的一种基础，科学有它的另一种基础——这根本就是谎言。在人类历史中即在人类社会的产生过程中形成的自然界是人的现实的自然界；因此，通过工业——尽管以异化的形式——形成的自然界，是真正的、人本学的自然界。"

三是无产阶级的形成。异化的发展创造出消灭自身的无产阶级。在资本主义私有制下的异化劳动中，无产阶级成为被迫害的群体。对于无产阶级来说，对异化劳动的扬弃是为了保证自己的基本生存条件。"工人还是必须在两条道路中选择一条：或者屈服于命运，做一个好工人，忠实地维护资产者的利益（如果这样做，他就势必要变成牲口），或者起来反抗，尽一切力量捍卫自己的人类尊严，而这只有在反抗资产阶级的斗争中才能做到。"异化的发展必然催生无产阶级的反抗。"过去的一切运动都是少数人的或者为少数人谋利益的运动。无产阶级的运动是绝大多数人的、为绝大多数人谋利益的独立的运动。无产阶级，现今社会的最下层，如果不炸毁构成官方社会的整个上层,就不能抬起头来,挺起胸来。"[1]因此,无产阶级只有反抗才能生存下去。"批判的武器当然不能代替武器的批判,物质力量只能用物质力量来摧毁;但是理论一经掌握群众,也会变成物质力量。"在马克思主义的革命实践中,究竟是哲学把无产阶级当成了自己的物质武器呢,还是无产阶级把哲学当成了自己的精神武器呢?显然,主要的性质是前者。这里所说的哲学当然不是纯哲学,而是革命的政治理论。一种革命的政治理论,把工人群众当成证实自己、实现自己的物质力量,去发动一系列英勇而悲壮的革命斗争。

四是普遍交往和世界历史性联系的建立。马克思指出:"每一个单个人的解放的程度是与历史完全转变为世界历史的程度一致的。"交往的狭隘性和人们生存的地域性是对人的自由解放的束缚。在狭隘的地域性的存在中,人们的交往比较有限。异化的消除和人类自由解放的实现只有在人们的历史性的普遍交往充分建立起来的历史条件下才是可能的。只有交往的普遍扩大,生产力才能发展到高度发达的程度。普遍交往和高

---

[1] 洪波:《马克思个人观研究》,中国社会科学出版社2010年版,第9页。

度发达的生产力是实现人类自由解放的两个前提。

五是共产主义运动。"要扬弃私有财产的思想，有思想上的共产主义就够了。而要扬弃现实的私有财产，则必须有现实的共产主义行动。"马克思为了论证资本主义的最大罪恶——剥削，深入研究了政治经济学。这个研究为他带来一个更大的收获，这就是为共产主义必然代替资本主义寻到了科学的根据。这个根据就是以前提到的资本主义的两个无法解决的矛盾：生产的社会化与生产资料的私人占有制之间的矛盾；企业内部的精打细算与整个社会经济的无政府状态的矛盾。由于这两个矛盾只有社会的公有制才能解决，所以，共产主义必然要取代资本主义，共产主义革命不可避免，"资产阶级的灭亡和无产阶级的胜利同样不可避免的。"

第四节　共产主义人的存在状态

私有财产是资本主义社会异化的具体表现，共产主义是对私有财产的扬弃，是对资本主义社会异化的否定，是对资本主义异化现象的克服。对私有财产否定的不同态度，产生了几种不同的共产主义形式。第一种是粗陋的共产主义。这种共产主义不仅没有超越私有财产的水平，甚至从来没有达到私有财产的水平。第二种是受异化劳动影响的共产主义。《手稿》指出："共产主义（a）按政治性质是民主的或专制的；（b）是废除国家的，但同时是尚未完成的，并且仍然处于私有财产即人的异化的影响下。这两种形式的共产主义都已经把自己理解为人向自身的还原或复归，理解为人的自我异化的扬弃；但是它还没有弄清楚私有财产的积极的本质，也还不理解需要的人的本性，所以它还受私有财产的束缚和感染。它虽然已经理解私有财产这一概念，但是还不理解它的本质。"[1]我们也多次提到，马克思的共产主义是"共产主义是私有财产即人的自我异化的积极的扬弃，因而是通过人并且为人对人的本质的真正占有；因此，它是人向自身、向社会的（即人的）人的复归，这种复归是完全的、自觉的而且保存了以往发展的全部财富的。"

关于共产主义的具体情形，早期的所谓空想共产主义者

---

[1] 马克思：《1844年经济学哲学手稿》，人民出版社2000年版,，第50—72页。

有过很多细致的描述。马克思、恩格斯很少描绘共产主义社会的细节。不过在其青年时代，他们也有过少量的具体描述。比如，恩格斯曾说过："我赞成英国的社会主义者罗伯特·欧文的一些主张，因为这些主张最实际、最完善。欧文提议建造一些大公寓来代替现在那些房屋分散而且彼此妨碍的城市和村庄。每一公寓占地长宽各1650英尺，附有大花园，可以舒适地居住两三千人。"[1]恩格斯从取暖、照明几个方面谈了这种集体居住的方便和节约，最后又谈到公共食堂问题："拿做饭来说，在现在这种分散经济的情况下，每一个家庭都单独准备一份自己所必需的、分量又不多的饭菜，单独备用餐具，单独雇用厨子，单独在市场上、在菜场里向肉商和面包商购买食品，这白白占据了多少地方、浪费了多少物品和劳动力！可以大胆地假设，有了公共食堂和公共服务所，从事这一工作的2/3的人就会很容易地解放出来，而其余的1/3也能够比现在更好、更专心地完成自己的工作。"[2]

---

[1] 庞世伟：《论完整的人》，中央编译出版社2009年版，第152—153页。

[2] 庞世伟：《论完整的人》，中央编译出版社2009年版，第152—153页。

马克思对于未来共产主义社会的具体情形也做过一些描绘。前文也已提到在《形态》里的描述："在共产主义社会里，任何人都没有特定的活动范围，每个人都可以在任何部门内发展，社会调节着整个生产，因而使我有可能随我自己的心愿今天干这事，明天干那事，上午打猎，下午捕鱼，傍晚从事畜牧，晚饭后从事批判，但并不因此就使我成为一个猎人、渔夫、牧人或批判者。"[1]之后，更趋成熟的马克思、恩格斯，没有再对共产主义作具体的描述。此后，他们只是谈一些大的原则。例如，消灭私有制、分工、阶级和国家，等等。他们认为，消灭了私有制，消除了剥削，消灭了阶级，人人都参加劳动，人们就会生活得十分幸福。没有了阶段斗争，也就不再需要军队、警察、监狱之类，国家（政府）也将消亡。到了那个时候，整个社会就是一个自由人的联合体。劳动轻松，产品丰富，不分城市和农村，也不分工人和农民。整个社会的经济运行全在人的计划控制之中，经济的组织管理工作就如同邮政的性质一般。所有的社会成员都各尽所能，各取所需，生活和谐

---

[1] 郑必坚等：《马列著作选编》，中共中央党校出版社2002年版，第2页。

美满，其乐融融。正如他们在《宣言》里指出："共产党人不屑于隐瞒自己的观点和意图。他们公开宣布：他们的目的只有用暴力推翻全部现存的社会制度才能达到。共产主义是以每个人的自由解放和全面发展为前提的所有人的自由解放和全面发展。"马克思、恩格斯在事实上遵循了这样一条原则："我们只努力来夺取政权吧，未来的共产主义具体怎么搞，暂且不必去管它。这就等于说，我们只努力尽快把旧房子摧毁吧，新房子具体如何盖，等将来的人们去解决这个问题吧。"

参 考 文 献

[1] 旁世伟. 论完整的人. [M]. 北京：中央编译出版社，2009.

[2] 韩喜平，庞雅莉，穆艳杰. 马克思主义经典著作精选导读. [M] 长春：吉林大学出版社，2007.

[3] 马克思. 1844年经济学哲学手稿 [M]. 北京：人民出版社，2000.

[4] 陈刚. 马克思主义理论的当代意义 [M]. 北京：光明日报出版社，2008.

[5] 姚顺良. 马克思主义哲学史：从创立到第二国际 [M]. 北京：北京师范大学出版社，2010.

[6] 洪波. 马克思个人观研究 [M]. 北京：中国社会科学出版社，2010.

[7] 郑必坚等. 马列著作选编 [M]. 北京：中共中央党校出版社，2002.

[8] 高路. 中华寓言哲理书 [M]. 北京：中国工人出版社，2007.

［9］恩格斯. 英国工人阶级状况［M］. 北京：人民出版社，1962.

［10］海因里·希格姆科夫. 马克思传［M］. 北京：人民出版社，2000.

［11］俞吾金. 再论异化理论在马克思哲学中的地位和作用［J］. 哲学研究，2009（2）.

［12］张磊. 马克思异化劳动理论及其现实意义［D］. 复旦大学，2009（2）.

［13］高乾胜. 马克思异化思想的历史演变［J］. 安徽电子信息职业技术学院学报，2006（1）.

［14］刘怡，薛萍. 马恩早期著作中"人"的思想的演进历程［J］. 理论研究，2006（2）.

［15］桂立. "以人为本"对马克思人学思想的新发展及其现实意义研究［D］. 中央民族大学，2011（2）.

［16］张金鹏. 异化劳动理论与古典经济学关系辨析［J］. 江苏科技大学学报（社会科学版），2012（2）.

［17］刘静. 探寻卡夫卡小说的社会意义——对《变形记》指引"苦痛"的思考［J］. 河北经贸大学学报（综合版），2011（2）.

［18］徐燕如. 异化劳动的根源——资本主义的原罪［J］. 学术争鸣，2011（1）.